AF730609

LOS MUROS DE LA INFAMIA

Prisiones en Colombia y en América Latina

LIBARDO JOSÉ ARIZA
MANUEL ITURRALDE

Universidad de los Andes

COLECCIÓN ESTUDIOS **CIJUS**

Ariza Higuera, Libardo José

Los muros de la infamia: prisiones en Colombia y en América Latina / Libardo José Ariza, Manuel Iturralde. -- Bogotá: Universidad de los Andes, Facultad de Derecho, CIJUS, Ediciones Uniandes, 2011.

193 pp.; 11 x 18,5 cm. -- (Colección Estudios CIJUS)

ISBN 978-958-695-556-0

1. Prisiones -- Aspectos jurídicos -- Colombia 2. Administración de justicia penal --Aspectos jurídicos -- Colombia 3. Rehabilitación de delincuentes -- Colombia 4. Seguridad ciudadana -- Colombia 5. Prisiones -- Aspectos sociales -- Colombia I. Universidad de los Andes (Colombia). Facultad de Derecho II. Universidad de los Andes (Colombia). Facultad de Derecho. CIJUS III. Tít.

CDD. 365.9861 SBUA

Primera edición: enero de 2011

© Manuel Iturralde y Libardo José Ariza

© Universidad de los Andes, Facultad de Derecho

Ediciones Uniandes
Carrera 1ª núm. 19-27, edificio AU 6, piso 2
Bogotá, D. C., Colombia
Teléfonos: 3394949 - 3394999, ext. 2133
http://ediciones.uniandes.edu.co
infeduni@uniandes.edu.co

ISBN: 978-958-695-556-0

Diseño de carátula: Alejandro Ospina
Corrección de estilo: Marcela Garzón
Diagramación: Sonia Montaño Bermúdez
Impresión y acabados: Editorial Kimpres Ltda.
Calle 19 sur núm. 69 C-17, Bogotá, D. C.
Teléfono: 413 6884
info@kimpres.com

Impreso en Colombia - Printed in Colombia

Todos los derechos reservados. Esta publicación no puede ser reproducida ni en su todo ni en sus partes, ni registrada en o transmitida por un sistema de recuperación de información, en ninguna forma ni por ningún medio sea mecánico, fotoquímico, electrónico, magnético, electro-óptico, por fotocopia o cualquier otro, sin el permiso previo por escrito de la editorial.

CONTENIDO

1. PRESENTACIÓN

LOS MUROS DE LA INFAMIA

CONTROL SOCIAL Y SEGURIDAD CIUDADANA

En las últimas décadas el discurso punitivo asumido con entusiasmo por numerosos gobiernos democráticos del mundo ha alimentado y se ha alimentado de los temores de la población, transformando los males sociales en males que requieren remedios "de mano dura". Paradójicamente a medida que los Estados democráticos han reducido sus programas sociales para los pobres, son precisamente estos pobres los que en el discurso dominante requieren cada vez más "mano dura" para controlarlos y evitar el peligro que representa su criminalidad (Wacquant, 2001 y 2007; Garland, 2001).

En América Latina el incremento del protagonismo del poder punitivo ha venido de la mano del fin del discurso de seguridad nacional, con el ocaso de la Guerra Fría; el enemigo comunista ha sido reemplazado por unas nuevas clases peligrosas, los delincuentes, y la seguridad nacional ha sido reemplazada por la seguridad ciudadana (Svampa, 2006). Como la seguridad nacional, la ciudadana se preocupa poco del precio en sufrimiento humano que haya que pagar, pues se concentra en un fin (la seguridad) que termina justificando casi todos los medios.

Como es bien sabido además no se trata sólo de disminuir la criminalidad: la seguridad ciudadana gira en torno a la percepción de seguridad, en particular la percepción de los estratos medios y los representantes de las "gentes de bien". Para ellos el miedo al otro (pobre, hombre joven, moreno) se convierte en protagonista de las relaciones sociales, en particular en el espacio público urbano. El otro temido es el potencial atracador o sicario, de escasa educación formal y menos oportunidades en el mercado laboral. Desocupado y potencialmente agresivo, se toma el espacio público y desmejora la percepción de seguridad, especialmente cuando se encuentra en grupos o consume marihuana (Lemaitre y Albarracín, 2010.)

Frente a la popularidad de los discursos de mano dura es difícil llamar la atención sobre lo que hemos dejado de lado: como sociedades hemos olvidado dar debates sobre las alternativas al endurecimiento de la política criminal, por ejemplo, los programas sociales, el acceso a la educación, empleo y recreación y el aseguramiento de unas condiciones mínimas de existencia y de equidad en la distribución del ingreso. Tampoco cuestionamos los modelos dominantes de masculinidad asumidos por estos jóvenes percibidos como peligrosos, modelos que, reproducidos por los medios de comunicación, definen ser hombre como asumir comportamientos de riesgo, insistir en la propia invulnerabilidad y agresión, en la propia capacidad de dominio de un territorio y unas personas (usualmente mujeres y niños) que se definen como propios también. Tanto los temas de la necesidad de una mejor distribución de los recursos y las oportunidades como los temas de cambio cultural dejan de importar ante la evidencia de la agresión en estos jóvenes y el temor que ésta genera, así como en el deseo de venganza.

Los discursos oficiales reproducidos en los medios estigmatizan a los hombres jóvenes pobres que llenan las cárceles sin reconocer su vulnerabilidad, la cual empieza en su invisibilidad para el Estado y para el mercado, donde su falta de educación formal y a menudo la agresión explícita en su autodefinición masculina los excluye de la posibilidad de integrarse. Su destino parece ser la pobreza y para muchos la ilegalidad, y eventualmente la cárcel o la muerte violenta justificada por la ilicitud de la actividad asumida, sean atracadores, sicarios, pequeños expendedores de drogas o sea que ingresen a las filas de los ejércitos del narcotráfico.

Así, el otro lado del discurso del orden y la cohesión social es el costo que pagan las clases populares, y en particular sus hombres jóvenes, como sujetos privilegiados del desorden y la descomposición, sujetos que requieren intervención y control punitivo, mano dura, etcétera. Para ellos existen las redadas y requisas, la detención transitoria, el control policial y la desconfianza; para ellos la política criminal, el aumento de penas, la detención preventiva; y para ellos principalmente es la cárcel, esa cárcel tan bien descrita por Iturralde y Ariza como los muros de la infamia, o incluso, como el infierno mismo.

Sin embargo detrás de las puertas de la cárcel los hombres jóvenes pobres encuentran un mundo que no es muy distinto del que vienen de abandonar. La incapacidad del sistema penitenciario para proveer las necesidades básicas para todos (una cama, comida, salud, recreación) no quiere decir que éstas no existan en la prisión; sólo quiere decir que, como sucede "afuera" todo está en venta. Y el que no tiene con qué comprar, vive como viven "afuera" los más pobres de los pobres: duermen en el piso, no tienen cobijas, sufren de enfermedad y hambre, y son a menudo víctimas de violencia.

En los dos ensayos que componen este libro Ariza e Iturralde señalan la injusticia radical que bien conocemos es el material del que están hechas las cárceles. Cada uno señala a un responsable de la situación, da las cifras que lo evidencian y propone alternativas, fundamentando su trabajo en el análisis de datos oficiales y en los discursos utilizados tanto en las justificaciones de políticas como en las sentencias judiciales.

Así, Iturralde critica las políticas de gobierno que hacen énfasis en el control del crimen, atizando y satisfaciendo el deseo social de venganza, basado en el temor frente a la delincuencia. Estas políticas alimentan un sistema penitenciario que cada vez detiene y encarcela a más personas en condiciones infrahumanas, que concentra su poder punitivo en sectores excluidos y vulnerables de la población. Además, señala Iturralde, van de la mano de rediseños estatales donde se minimizan los programas sociales y la responsabilidad del Estado por estos mismos sectores que en cambio se controlan a través de la policía y las cárceles.

Por su parte, Ariza critica las decisiones judiciales que en este mismo contexto ven el problema de las cárceles principalmente como una cuestión de hacinamiento que debe ser resuelta con la construcción de más cárceles, más modernas y eficientes, como corresponde al espíritu de la "nueva penología". Los jueces dejan de lado por lo general alternativas que para Ariza son más sensatas, en particular la posibilidad de ordenar la libertad de quienes están en condiciones infrahumanas, de limitar el número de personas en detención preventiva y en general de reducir la demanda, antes que aumentar la oferta, de cupos carcelarios. A continuación se hace una descripción más detallada de cada uno de estos artículos.

PRISIONES Y CASTIGO EN COLOMBIA

El artículo de Manuel Iturralde sigue en la línea de su más reciente libro, *Liberalismo autoritario* (2010), denunciando la alianza entre la reducción del Estado en el proyecto neoliberal de gobierno, y el fortalecimiento de su aspecto punitivo. En "Prisiones y castigo en Colombia" Iturralde analiza las estadísticas oficiales sobre delito y encarcelamiento en Colombia, demostrando que primero, se mantienen las condiciones denigrantes en las cárceles a pesar de la inmensa inversión hecha en ellas; segundo, la tasa de encarcelamiento aumenta consistentemente; y tercero, este aumento en la tasa de encarcelamiento no corresponde a un aumento en el delito sino que responde al énfasis en el castigo y el control del crimen que hace el liberalismo autoritario como forma de gobierno.

Siguiendo a Foucault y a Garland en sus muchas críticas al sistema penitenciario, Iturralde insiste en que el valor del incremento del encarcelamiento y del protagonismo de la política criminal dentro del neoliberalismo tiene un valor simbólico antes que pragmático. Así, responde al temor que sienten principalmente las clases medias ante la criminalidad, y crea una sensación falsa de seguridad con su énfasis en la cárcel como forma de control y vigilancia de los criminales. Pero no se trata de todo tipo de criminales: como se ha señalado repetidas veces en la literatura sobre cárceles, las personas encarceladas lo son principalmente por delitos contra la vida y la integridad personal y contra la propiedad privada, dejando por fuera por lo general tanto los delitos llamados "de cuello blanco" como aquellos que se cometen en el ámbito doméstico, por las dificultades para investigar y probar estos delitos. El resultado de ésta y otras características discriminatorias del sistema es que los hombres jóvenes de escasos recursos y bajos niveles educativos, tienen por lo tanto escasas oportunidades de integrarse al sistema neoliberal con su Estado mínimo y su énfasis en el mercado como distribuidor de recursos.

Iturralde enfatiza que las cárceles no tienen como función principal el disminuir la delincuencia, ni mucho menos el rehabilitar a los criminales, sino reducir el miedo al delito medido como "sensación de inseguridad". Si se tratara de disminuir la violencia y el delito se seguirían políticas más racionales que señalan un vínculo directo entre la desigualdad (no la pobreza) y la violencia social, y en lugar de aumentar la criminalización de sectores que ya de por sí son marginados por el sistema, se haría un énfasis en su inclusión a través de programas sociales o, por lo menos, se haría un mayor esfuerzo para que las cárceles realmente cumplieran una función rehabilitadora a través de programas educativos y de trabajo que permitieran la reinserción en la sociedad con destrezas útiles para los mercados laborales.

En cambio, y esto es lo que critica Iturralde, la desigualdad aumenta y los complejos problemas sociales que surgen de la desigualdad y la pobreza se reducen a problemas de criminalidad que se deben enfrentar con el poder punitivo. El resultado es un Estado que castiga a los más pobres y excluidos encerrándolos en circunstancias infrahumanas en las cárceles. Iturralde propone dejar de lado una política que se alimenta del temor y la venganza, para dirigirse en cambio a los problemas sociales relacionados con la mayor violencia social, en particular a través de mejores oportunidades sociales y económicas para los grupos sociales excluidos, en particular los hombres jóvenes de escasos recursos y bajo nivel de educación formal.

REFORMANDO EL INFIERNO

En "Reformando el infierno" Libardo Ariza hace un argumento similar pero partiendo de otros datos y otros puntos de vista. Ariza, más que Iturralde, describe la inhumanidad a la que se ven reducidos los presos en las cárceles latinoamericanas, y critica el énfasis ya no de la política criminal sino de los jueces que, enfrentados a estas condiciones, se enfocan en el problema del hacinamiento sin ver la complejidad total de lo que la cárcel representa como necesaria y humanitaria en las democracias contemporáneas.

Ariza parte del análisis de una serie de sentencias que, en varios países de América Latina, han no sólo señalado la violación de derechos de los presos, sino también contemplado la necesidad de ordenar una reforma del sistema penitenciario. Son sentencias que revelan una y otra vez la similitud entre las grandes deficiencias de los sistemas penitenciarios de la región, y la prevalencia en ellos, con algunas diferencias de grado, del hacinamiento, la violencia y la degradación. Ariza hace una tipología de los tipos de respuestas de los jueces frente a esta situación. El primer tipo es la no-intervención, fundamentada sea en problemas procesales, especialmente la falta de legitimidad de las organizaciones que abogan por los derechos de los presos para iniciar estas acciones, o fundamentada en la autonomía y discrecionalidad del gobierno de la prisión, independiente de las capacidades de la rama judicial. El segundo tipo de respuesta es la que se preocupa por ordenar reformas estructurales al sistema, pero deja de lado la situación de los individuos encarcelados hasta que se puedan implementar las reformas generales que ordena. El tercer tipo de respuesta, y la que le parece más legítima a Ariza, es la de reducir el ingreso de personas a las prisiones y limitar el poder que tiene el Estado sobre las personas encarceladas.

Ariza es particularmente crítico frente a las órdenes judiciales de reformar la prisión a través de su modernización y humanización, es decir, efectivamente a través de la construcción de más y mejores prisiones. Esta es la posición que asume la Corte

Constitucional en su gran sentencia de prisiones de 1998, en la cual se pospone el bienestar de los individuos presos a los tiempos en los que el Gobierno pueda aliviar la situación de hacinamiento construyendo más prisiones. Las medidas que se adoptan en la sentencia, señala, se dirigen a la modernización de la cárcel, a mejorar su administración, su capacidad de controlar y administrar a los detenidos, y de proveer seguridad y control a través de personal carcelario capacitado.

Un ejemplo de este tipo de reforma es en Colombia la adopción de la "Nueva Cultura Penitenciaria" que, como lo señala Ariza, adopta unos criterios gerenciales de calidad (por ejemplo el ISO 9000) que siguen el patrón de las cárceles estadounidenses, sin tener en cuenta que efectivamente en estas prisiones lo que se hace eficiente es el permanente castigo y degradación de los presos, por ejemplo a través de las requisas constantes de los esfínteres y genitales, la separación de los presos y el mayor tiempo de encierro y aislamiento, el uso permanente de cadenas y grilletes incluso para presos enfermos, el uso de uniformes y cortes de pelo al ras, etcétera. A ello se unen la permanencia de características de la prisión latinoamericana, como son los servicios inadecuados de comida, higiene y atención médica.

En esta "nueva cultura" lo que queda de lado son consideraciones sobre la forma como la cárcel reproduce las desigualdades sociales y castiga principalmente a los pobres, sin ofrecer oportunidades de rehabilitación y reinserción social, y en contextos donde los programas y servicios sociales se han visto severamente recortados por las reformas neoliberales.

La rehabilitación del preso como ideal desaparece y es reemplazada por la buena administración y control de las poblaciones detenidas como nuevo ideal.

Ante estas circunstancias Ariza hace un llamado por la búsqueda judicial de respuestas alternativas que, primero, permitan la protección inmediata de la persona presa, y segundo, consideren la reducción de la población carcelaria a través, por ejemplo, de la primacía de la presunción de la inocencia (limitando las detenciones preventivas). También es posible argumentar que las personas que ya han pasado un tiempo desproporcionado en detención preventiva en situaciones infrahumanas deben ser excarceladas. Es decir, en lugar de aumentar la oferta de cupos, y la eficiencia de las cárceles, lo que Ariza sugiere es disminuir la demanda desde los mismos estrados judiciales.

ESTUDIOS CIJUS Y LA RELATORÍA DE PRISIONES

Este libro de la *Relatoría de Prisiones* con Estudios Cijus marca el inicio de una fructífera colaboración. La Relatoría de Prisiones tiene como objetivo hacer el seguimiento de la situación carcelaria en Colombia, y hacerlo desde una perspectiva crítica y dentro de un marco de estudios sociojurídicos. Ello quiere decir que les interesa más allá de la mera dogmática, tanto la vida real de las prisiones como su contexto social y político, partiendo de una especial preocupación que es claramente articulada en los dos artículos de este libro, por la suerte de los individuos pertenecientes a los grupos sociales más vulnerables. Los estudios

Cijus por su parte tienen como propósito el publicar aquellos trabajos que, desde una perspectiva interdisciplinaria, retomen los métodos y perspectivas de las ciencias sociales para dar cuenta del derecho en su contexto social y político, con una propuesta tanto crítica como propositiva.

Esto es precisamente lo que hacen Ariza e Iturralde en los dos artículos de este libro. La publicación de estos dos artículos tiene como objetivo proveer insumos para debates más complejos sobre el papel que debe tener entre nosotros la cárcel y su impacto diferenciado sobre los hombres jóvenes de las clases populares. Su objetivo es ser tanto una introducción interesante al tema para no-abogados, como material para enriquecer y profundizar la educación de los abogados cuestionando los efectos reales de la política criminal. La facilidad para tener acceso a los Estudios Cijus, es una contribución del Cijus y de la Facultad de Derecho de la Universidad de los Andes a estos objetivos.

BIBLIOGRAFÍA

- Dammert, L. (2005), *Violencia criminal y seguridad ciudadana en Chile*, Santiago, Cepal.
- Gargarella, R. (2008), *De la injusticia penal a la justicia social*, Bogotá, Siglo del Hombre Editores.
- Garland, D. (2001), *Culture of Control. Crime and Social Order in Contemporary Society*, Chicago, University of Chicago Press.
- Iturralde, M. (2010), *Castigo, liberalismo autoritario y justicia penal de excepción*, Bogotá, Siglo del Hombre Editores, Uniandes e Instituto Pensar.
- Lemaitre, J. y Albarracín, M. (en prensa), "Patrullando la dosis personal: la represión cotidiana y los debates de

políticas públicas sobre el consumo de drogas ilícitas en Colombia", en Mejía, D. (ed.), *El libro blanco de las drogas*, Bogotá, Uniandes.

- Svampa, M. (2006), *El dilema argentino: civilización o Barbarie*, Buenos Aires, Taurus.
- Wacquant, L. (2001), *Los parias urbanos*, Buenos Aires, Ediciones Manantial.
- — (2007), *Los condenados de la ciudad. Gueto, periferias y Estado*, Buenos Aires, Siglo XXI Editores.

Julieta Lemaitre Ripoll

Profesora asociada de la Facultad de Derecho de la Universidad de los Andes y directora de su Centro de Investigaciones Sociojurídicas (Cijus).

2. REFORMANDO EL INFIERNO: LOS TRIBUNALES Y LA TRANSFORMACIÓN DEL CAMPO PENITENCIARIO EN AMÉRICA LATINA

Y así pasa el día en medio de signos, de sórdidos hitos que anuncian una sola presencia: el miedo. El miedo de la cárcel, el miedo con polvoriento sabor a tezontle, a ladrillo centenario, a pólvora vieja, a bayoneta recién aceitada, a rata enferma, a reja que gime su óxido de años, a grasa de los cuerpos que se debaten sobre el helado cemento de las literas y exudan la desventura y el insomnio.

Diario de Lecumberri

Álvaro Mutis

Y, de repente, empezó a crecer sobre la ciudad el edificio circular —circular como plaza de toros, circular como coliseo romano, circular como circo de contorsionistas y domadores— de la Prisión Modelo, ajustado a los más modernos conceptos de la construcción penitenciaria, de la que eran maestros los arquitectos norteamericanos.

El recurso del método

Alejo Carpentier

Libardo José Ariza*

* Agradezco a Manuel Iturralde por su generosa colaboración señalándome fuentes y textos que no conocía, así como a Julieta Lemaitre y a César Rodríguez por sus valiosos comentarios a una versión anterior de este texto.

EL DILEMA DE LA REFORMA

La situación de las prisiones en América Latina se encuentra en el centro de la agenda jurídica y política reciente. La prisión, lejos de perder protagonismo, se ha posicionado como una de las instituciones preferidas por los Gobiernos regionales para responder a las manifestaciones criminales resultantes de la inequidad social. En un contexto de pobreza exacerbada, violencia y criminalidad, el protagonismo excesivo de la pena privativa de la libertad explica el colapso de un aparato penitenciario que no responde a la creciente segregación punitiva. Su éxito supone su fracaso paralelo. El resultado más visible de esta paradoja es la violación masiva y sistemática de los derechos fundamentales de las personas presas. El hacinamiento, la violencia, la escasez de programas de resocialización, la selectividad del encierro y la utilización abusiva de la detención preventiva son preocupaciones comunes para activistas jurídicos y funcionarios públicos. Tanto unos como otros pronuncian estos enunciados para justificar una misma necesidad y una agenda común: intervenir y reformar.

El sentido de la intervención y los resultados de los procesos de reforma, sin embargo, parecen estar atrapados dentro de los muros políticos y conceptuales del hacinamiento. Aunque las denuncias de los activistas sociales y jurídicos se basan en una amplia gama de situaciones, las respuestas gubernamentales y judiciales giran, fundamentalmente, en torno al exagerado desequilibrio entre personas presas y cupos penitenciarios. El hacinamiento se convierte en *la* causa que explica la precariedad de las condiciones de reclusión y la violación de derechos que supone y, como consecuencia, limita las respuestas posibles. El hacinamiento es el marco que hace inteligible la reforma y la intervención.

El hacinamiento domina la imaginación de los tribunales. Desde el punto de vista judicial se cree que su desaparición implicará el funcionamiento óptimo del aparato penitenciario, o por lo menos un paso muy importante en esta dirección. Por ello, la cuestión penitenciaria se convierte en una operación matemática, en donde el cociente resultante de dividir el número de personas encerradas por la cantidad de cupos señala el grado de violación de derechos fundamentales. El importante debate sobre la justificación del encierro penitenciario en condiciones infrahumanas, y sobre las respuestas judiciales posibles, es dejado de lado. La respuesta de los tribunales a las demandas relacionadas con los derechos de las personas presas se ha concentrado, salvo contadas excepciones, en el fortalecimiento institucional y en el control consecuente de los males producidos por la sobrepoblación penitenciaria, tocando de manera retórica, en el mejor de los casos, cuestiones tan importantes como la legitimidad de una normalizada detención preventiva prolongada y la posibilidad de imaginar otras respuestas judiciales a las demandas contra el encierro penitenciario en condiciones infrahumanas.

El hacinamiento ha dejado sin espacio a otras formas de aproximación al problema. Se ha convertido en un lugar común señalar que las prisiones están dominadas por la muerte, la discriminación y el terrible designio del cacique. Tenemos la certeza de que ciertas personas por su condición de clase o su partencia étnica constituyen la clientela preferida del presidio. Se ha reiterado hasta la extenuación que la prisión es un depósito que alberga al latinoamericano pobre sin educación y oportunidades que se ve abocado al crimen. Que allí las celdas se compran y se venden; que los recién llegados son explotados y golpeados; que las personas de piel negra se ven obligadas a dormir en húmedos túneles que no se sabe para qué fueron construidos; que homosexuales y transexuales son tratados como sirvientes y que los acusados de violación son sistemáticamente asesinados; que mientras unas personas duermen en el suelo buscando el calor que aún desprenden los hornos de la cocina, otras lo hacen bajo pulcras sabanas de seda. Todas estas aristas del problema penitenciario han sido ocultadas por la inmensa presencia del hacinamiento.

El objetivo de este texto es analizar la relación entre la intervención judicial en el mundo de la prisión y los procesos de reforma adelantados en algunos países latinoamericanos. Para ello, pretendo hacer "una visita al infierno", como lo señalara una misión de las Naciones Unidas destinada a observar las condiciones de reclusión en Colombia (Alto Comisionado de las Naciones Unidas para los Derechos Humanos Oficina en Colombia, 2001), con el fin de demostrar que los vanos intentos de reforma concentrados en el hacinamiento sólo aumentan los círculos constitutivos del averno: cuando se ordena la construcción de más prisiones para dar respuesta a una situación que se entiende es causada por la insuficiente capacidad de albergue, el sistema crece, se extiende, sin cambiar su modo de funcionamiento. Tan sólo se agrega un islote más al archipiélago carcelario que acarrea otro tipo de violaciones de derechos derivadas del restrictivo régimen interno. Este énfasis en la sobrepoblación penitenciaria como causa eficiente del carácter "premoderno" de la prisión, hace que la respuesta por parte de los tribunales, con significativas excepciones, se dirija al perfeccionamiento funcional y a la modernización burocrática del sistema.

En las dos primeras secciones de este texto presento un panorama general de la situación describiendo algunas intervenciones y los procesos de reforma que han incitado. En la tercera parte elaboro un estudio de caso, el colombiano, en el que se pueden apreciar con mayor claridad las relaciones equívocas entre el proceso de adjudicación constitucional en materia penitenciaria y los procesos de modernización y expansión del complejo carcelario. A través del análisis de la jurisprudencia de la Corte Constitucional pretendo mostrar los supuestos ideológicos en los que se basa el proceso de adjudicación constitucional y el carácter problemático de la respuesta que presenta como indispensable —la construcción de cárceles modernas— para finalizar con la perenne "crisis carcelaria". Por último, a manera de conclusión, realizo algunas reflexiones sobre el impacto de los anteriores procesos en el actual proceso de transformación del campo penitenciario latinoamericano bajo los dictámenes de la penalidad neoliberal. También esbozo algunas ideas sobre posibles respuestas judiciales alternativas a las condiciones de reclusión infrahumanas que permitan saltar los muros que hasta ahora han definido los contornos de la imaginación jurídica en esta materia.

UN PANORAMA GENERAL SOBRE LA SITUACIÓN PENITENCIARIA, EL LITIGIO Y LA REFORMA

En América Latina la tasa promedio de encarcelamiento es de 132 personas por cada 100.000 habitantes, mientras que en el Caribe llega a las 324 (Walmsley, 2007). Aunque estas cifras no se compa-

TABLA 1.
Evolución y situación jurídica de la población penitenciaria latinoamericana

PAÍS	POBLACIÓN PENITENCIARIA 1998*	POBLACIÓN PENITENCIARIA RECIENTE
Argentina	30.145	63.000 (2006)
Brasil	170.000	361.402 (2005)
Bolivia*	6.867	7.710 (2005)
Chile	26.871	39.916 (2006) (sistema cerrado) 32.042 (sistema abierto)
Colombia	51.693	67.339 (2008)
Ecuador*	9.439	12.251 (2005)
Perú	26.059	35.704 (2006)
Venezuela*	24.710	32.600 (2008)
México*	128.902	210.169 (2006)
Paraguay*	3.794	5.063 (2003)
Uruguay	3.927	6.555 (2006)

*FUENTE: International Centre for Prison Studies, Ilanud.

ran con la proporción que alcanza ese fenómeno en países como Estados Unidos (714 por cada 100.000), Bielorrusia, Bermuda y Rusia (532), por sólo citar algunos ejemplos, la tasa de encarcelamiento ha aumentado en cerca de un 68% en los últimos años. Como se muestra en la tabla 1, desde 1998 la población penitenciaria en los países latinoamericanos ha aumentado de manera constante, quizás con la única excepción de Venezuela. En algunos casos como Brasil, Argentina y México, casi se ha duplicado el

DETENCIÓN PREVENTIVA	CONDENADOS	ÍNDICE DE HACINAMIENTO
59%	31%	14, 5%
34,4%	66,6%	43,7%
75,0%	25%	62,5%
	27.898	40%
23.195	44.144	35,8%
63%		46,3%
68,5%	31,5%	59,1%
59,7%	41,3%	121,0%
42,8%	58,2%	25,6%
67%	33%	78,5%
63,1%	26,9%	44,4%

número de personas encarceladas en un periodo de seis años;[1] en otros, como Chile, ha presentado un crecimiento espectacular: este país presenta una de las mayores tasas de encarcelamiento de la región, cercana a los "231 internos privados de libertad por cada 100 mil habitantes" (Dammert, 2006: 5).[2] Aunque el aumento de la población carcelaria en los demás países no alcanza estas cifras, en todos ellos la prisión, lejos de perder protagonismo, sigue siendo una de las principales herramientas para dar respuesta a los problemas sociales.

Los distintos reportes sobre las condiciones de vida en las cárceles latinoamericanas confirman este aciago panorama. En el caso venezolano, Ungar asegura que durante los años noventa las prisiones de este país eran las más violentas, hacinadas e inhumanas de la región. Según el Observatorio Venezolano de Prisiones (OVP, 2009), en el periodo comprendido entre 1999 y 2009 murieron 4.030 personas presas de forma violenta. De hecho, Colombia destinaba en esa

---

[1] Una descripción cuantitativa del sistema argentino se encuentra en Dirección Nacional de Política Criminal (2004); para el caso brasileño consultar Departamento Penitenciario Nacional del Ministerio de Justicia (2006).

[2] La población penitenciaria ha presentado un crecimiento constante desde 1995, pasando de 22.027 personas a 45.843 personas privadas de libertad en el 2007, lo cual supone un aumento cercano al 79% (Universidad Diego Portales, 2008: 80). Otras fuentes señalan que desde 1980 hasta el 2004 la población penitenciaria en Chile ha aumentando en cerca del 140% (Dammert, 2006: 2). Vale la pena señalar que el sistema penitenciario chileno tiene tres regímenes distintos de reclusión, por lo que las cifras precisas serían las siguientes: "El año 2004 el total de población atendida por Gendarmería fue de 65.262 personas, de las cuales el 53% se encontraba en el sistema cerrado, el 46,3% en el abierto y 0,7% en el sistema semiabierto" (Dammert, 2006: 3).

década $319 al mes por prisionero mientras que Venezuela apenas destinaba $56 (1996: 38). En 1995 Colombia tenía 175 prisiones para 31.058 personas presas mientras que Venezuela contaba con 31 prisiones para 28.870 personas (del Olmo, 1998: 120). A pesar de su protagonismo, la prisión es una de las instituciones que más falencias presenta frente a sus propósitos declarados. Todos los sistemas penitenciarios de la región sufren hacinamiento.[3] En algunos casos, como el argentino, la sobrepoblación alcanza el 14%,[4] mientras que en países como Paraguay el sistema tiene un índice de hacinamiento del 78,5%. En mayor o menor medida, las prisiones resultan insuficientes para suplir la demanda de celdas y cupos, lo que genera condiciones de reclusión insalubres, la imposibilidad de adelantar programas eficaces de trabajo y educación y, principalmente, violencia, discriminación y explotación económica dentro de las prisiones. La sobrepoblación penitenciaria es, pues, considerada como la causa principal del fracaso burocrático y

[3] "O sobrepoblación", término que también es empleado para describir el desequilibrio presente en la ecuación personas presas/número de celdas. La sobrepoblación penitenciaria puede ser definida como "el exceso de personas privadas de la libertad por sobre la capacidad de alojamiento inicialmente prevista, y medimos dicha sobrepoblación por medio de la densidad carcelaria por cien plazas (el número de personas privadas de libertad, dividido por el número de plazas previstas, por cien)" (Carranza, 2001: 11).

[4] No obstante, esta cifra debe ser tomada con cautela, pues como lo señala el Centro de Estudios Legales y Sociales (CELS), "La sumatoria de divergencias en los criterios para determinar las plazas penitenciarias existentes hace que sea imposible hasta hoy establecer fehacientemente el nivel de sobrepoblación existente en las cárceles bonaerenses, y desacredita las informaciones oficiales al respecto. En el ámbito federal tampoco existen criterios claros para determinar la capacidad de los centros de detención" (CELS, 2008: 165).

funcional de la prisión; es el problema "que, mientras no se resuelva, hará inútiles o por lo menos limitará muy seriamente los esfuerzos que en otros ámbitos penitenciarios se realicen" (Carranza, 2001: 11).

En la medida en que no existe la posibilidad de suministrar a las personas presas los bienes y servicios mínimos, la satisfacción de sus necesidades personales es asumida por el mercado negro. El contrabando dentro de la prisión se convierte en un mecanismo que permite no sólo su funcionamiento cotidiano frente a la escasez de bienes y servicios, sino que, además, legitima el control de los grupos internos de poder que cogobiernan los presidios (Kalinich y Stojkovic, 1994). La mayoría de las personas han sido privadas de su libertad de manera preventiva y no existe una estricta separación entre sindicados y condenados.[5] Por lo general, las prisiones están destinadas al control de las clases económicas más desfavorecidas, a la reclusión de personas que se encuentran "en condiciones de extrema pobreza" (Jiménez, 1994: 71; Del Olmo, 1995), lo que en el caso brasileño, por ejemplo, en donde la inmensa mayoría de las personas presas son pobres y de piel negra, ha llevado a que se describa la situación como una dictadura sobre los pobres (Wacquant, 2003). Como resultado, la detención penitenciaria se convierte en una estrategia gubernamental para el control de la pobreza, que poco o nada tiene que ver con la resocialización del llamado delincuente.

[5] Se puede decir que esta situación no es una anomalía del sistema sino que, por el contrario, refleja un modo de funcionamiento basado en la aplicación de penas anticipada. Para un análisis del funcionamiento de la prisión preventiva en América Latina ver el estudio clásico de Carranza et ál. (1988).

Cordova (1989) y Morales y Morales (1999), señalan que el sistema penitenciario venezolano supone una violación sistemática de los derechos de las personas presas, extremo que se ve confirmado por la Defensoría de Pueblo quien señala que, a pesar de la declaración de la emergencia penitenciaria del 2004, las condiciones de vida siguen siendo las mismas y que se ha fracasado en la "disminución de los índices de violencia en los internados judiciales" (Defensoría del Pueblo de Venezuela, 2004). Según datos recientes, de los treinta centros de reclusión activos en Venezuela, doce presentan un hacinamiento superior al 50%. El Internado Judicial de Carúpano, por sí solo, tiene un índice de ocupación del 231% (Observatorio Venezolano de Prisiones, 2006).

Zambrano (1995) considera que el sistema penitenciario ecuatoriano es un lugar con condiciones de existencia infrahumanas. Los 36 centros de rehabilitación social que existían a finales de la década de 1990 se encontraban, según del Olmo, en "condiciones físicas abominables" (1998: 128). Eduardo Mondino, Defensor del Pueblo de Argentina, señala en su informe del 2006 que las prisiones, lejos de lograr la reintegración social de la persona presa, son más bien un "mecanismo que reproduce la marginalidad".[6] El

[6] Ver Defensoría del Pueblo de Argentina (2006). Ver, igualmente, Naciones Unidas (2003) en el que se recomienda lo siguiente: "68. Deben adoptarse urgentes medidas respecto al número de la población carcelaria, dado que la sobrepoblación de los establecimientos penales y de las comisarías de policía está en la base de los problemas detectados en las condiciones de detención. Particularmente grave es la situación en las Provincias de Buenos Aires y Salta. Debe estudiarse la posibilidad de aumentar la capacidad del sistema penitenciario o de disminuir la sobrepoblación a través de

hecho de que tan sólo el 43% de las personas presas haya recibido educación primaria completa y que el 4,5% de la población penitenciaria sea portadora del VIH, sin duda justifica la lectura realizada por Mondino. Recientemente, el Comité de Derechos Humanos de las Naciones Unidas señaló, en el caso argentino, que le siguen preocupando:

> [...] las condiciones imperantes en muchos centros penitenciarios del país, incluido el alto índice de hacinamiento, la violencia intracarcelaria y la mala calidad en la prestación de servicios y la satisfacción de necesidades fundamentales, en particular en materia de higiene, alimentación y atención médica. Al comité le preocupa igualmente que, debido a la falta de espacio en esos centros, algunos procesados permanecen en dependencias policiales durante largos periodos, así como el hecho de que algunos de estos centros permanecen en funcionamiento a pesar de la existencia de sentencias judiciales que ordenan su cierre (Naciones Unidas, Comité de Derechos Humanos, 2010).

Azaola y Bergman, al analizar el funcionamiento del sistema penitenciario mexicano, señalan que éste representa "un universo propio de relaciones que se caracteriza por el predominio de un régimen paralegal" (2003: 15). Olivero, por su parte, afirma que la principal característica de las prisiones mexicanas es el hacinamiento, especialmente en aquellas ubicadas en la frontera con Estados Unidos (1998: 104-105). Además, los guardias no tienen capacitación y

medidas alternativas tales como liberación anticipada; liberación bajo caución, liberación bajo palabra, arresto domiciliario, prisión nocturna, prisión diurna, permisos de salida, etc. No debe mantenerse en comisarías de policías a personas cuya detención preventiva ha sido ya ordenada por un juez y mucho menos a convictos que cumplen condenas".

reciben un salario exiguo. En algunas prisiones se presenta una diferencia abismal entre el personal de guardia y la cantidad de internos que deben custodiar. Por ejemplo, el Centro de Readaptación Social de Reynosa alberga entre 1200 y 1500 prisioneros y sólo cuenta con un personal administrativo de 90 personas (1998: 102).

Desafortunadamente, la diferencia entre las "fallas" de los sistemas penitenciarios latinoamericanos tan sólo es de grado: algunos son más violentos, otros sufren menos hacinamiento, pero todos ejercen violencia y funcionan por encima de su capacidad. Las muertes por motines, incendios o arbitrariedad son una constante a lo largo de los patios de las prisiones latinoamericanas. La triste masacre que tuvo lugar en 1986 en el penal peruano *El Frontón*, donde fueron ejecutados extrajudicialmente 118 personas, es una muestra de esta situación, pero desafortunadamente no es la única. Desde las 111 personas muertas como consecuencia de la toma de la prisión brasilera de Carandirú el 2 de octubre de 1992,[7] pasando por las más de 150 que fallecieron en la prisión venezolana de Sabaneta el 3 de enero de 1994 durante las protestas en contra del hacinamiento (Delgado, 1994),[8] hasta los tres motines del 2005 de

[7] Para una descripción y seguimiento del caso ver Amnistía Internacional (2006). En febrero del 2001, Carandirú fue el centro de la mayor rebelión carcelaria en la historia del Brasil, cuando los detenidos de las 29 cárceles del Estado de São Paulo se amotinaron en el horario de visitas, tomando a más de 10.000 personas como rehenes.

[8] En el momento del motín la prisión albergaba a cerca de 3.000 internos, cuando su capacidad es de 300 (Amnistía Internacional, 1994). También ver Human Rights Watch (1998).

las cárceles argentinas de San Martín, Coronda y la Unidad Penitenciaria 28 de Buenos Aires que resultaron con 55 personas muertas (Defensoría del Pueblo de Argentina, 2006),[9] la violencia es una constante que recorre impunemente los pasillos de las cárceles latinoamericanas. La prisión, en este sentido, es sin duda un lugar de exterminio: "La situación es de horror e implica un verdadero genocidio carcelario" (Carranza, 2001: 20). De hecho, durante el primer trimestre del 2005, según datos del Observatorio Venezolano de Prisiones, murieron en ese país 189 personas presas y 254 resultaron heridas, cifras que para el mismo periodo del 2006 han llegado a 194 y 407 respectivamente (Observatorio Venezolano de Prisiones, 2006).

Ante esta situación, las principales palabras que recorren el continente son *litigio* y *reforma*. Litigio, para elevar a los estrados judiciales las protestas de las personas presas y sus familiares, así como las denuncias de los defensores de derechos humanos. La judicialización de la vida carcelaria en los foros nacionales e internacionales es una alternativa que cada vez toma más fuerza en el contexto latinoamericano y que, hasta el momento, ha afectado a la mayoría de los países de la región. Incluso, se señala que la interposición de acciones judiciales "ante la justicia constitucional de cada país y ante las cortes internacional de justicia" (Carranza, 2001: 34), es uno de los mecanismos que debería utilizarse para dar respuesta a las violaciones de derechos humanos ocasionada por la sobrepoblación penitenciaria.

[9] Igualmente, la muerte el 4 de noviembre del 2007 de 35 internos del penal de varones núm. 1, perteneciente al Servicio Penitenciario Provincial de Santiago del Estero (CELS, 2008: 160).

El litigio busca ante todo la reforma del sistema. Una reforma que se piensa mejorará las condiciones de vida, la estructura y el funcionamiento del sistema penitenciario. Las demandas contra la legitimidad del castigo, cuando no se acompañan de soluciones concretas para los reclamos de las personas presas actualmente existentes, se transforman en oportunidades para la expansión del sistema y para aumentar la oferta institucional de celdas y camas. El sujeto de la protesta es la persona presa pero la respuesta judicial se dirige generalmente al sistema penitenciario. La reforma estructural, que se manifiesta usualmente bajo expresiones judiciales como "adecuar", "ajustar", "acomodar" y "acondicionar", es vista como la única opción posible, una medida necesaria e indiscutible que debe solucionar la terrible situación de las prisiones latinoamericanas y a la que nadie, en principio, pensaría en oponerse. Un breve repaso al litigio carcelario en algunos países, y su relación con la reforma del sistema, proporciona un panorama del contexto actual de la intervención judicial en el mundo penitenciario latinoamericano.

LITIGIO Y REFORMA: UN PANORAMA GENERAL

> Todos, absolutamente todos, sabemos que o Estado é violador dos direitos da população carcerária. Todos, absolutamente todos, sabemos das condições prisionais. E mesmo assim confirmamos o sofrimento gótico que alcança os apenados.
>
> Tribunal de Justiça del Estado do Río Grande do Sul. ABC n.º 70029175668 2009/Crime. Porto Alegre, 15 de abril de 2009.

Las respuestas judiciales a la "crisis penitenciaria" en la región son de distinto orden. Como se mostrará a continuación, las variaciones en la interpretación del problema, así como la forma de intervención que acarrean, indican que las instancias judiciales cuentan con un margen de maniobra importante y que, por lo tanto, las respuestas pueden cambiar en cada contexto. Si bien no es este el lugar para ofrecer una interpretación de los factores que pueden incidir en la inclinación hacia una opción de intervención particular, a continuación propongo una tipología preliminar de la intervención judicial en prisiones que permita abordar la relación entre los tribunales y el campo penitenciario en la región.

No intervención

Aunque resulte paradójico, una manera importante de intervenir en el problema penitenciario es no intervenir en lo absoluto. Esta forma de "no intervención" se puede presentar por dos razones distintas. En primer lugar, con base en cuestiones procedimentales, principalmente relacionadas con el tipo de recursos judiciales disponibles y con la legitimidad para interponerlos cuando la judicialización es promovida por organizaciones no gubernamentales (ONG). Aunque éstas pueden ser cuestiones de orden legal, la interpretación (restrictiva o progresista) de su alcance por parte de los tribunales puede abrir la puerta a la intervención social en el mundo penitenciario. Teniendo en cuenta que las personas presas son un colectivo que apenas cuenta con respaldo social, la intervención de organizaciones no gubernamentales y asociaciones de derechos humanos en los procesos judiciales resulta determinante, por lo que la discusión en torno a la legitimidad procesal es de vital importancia.

El primer paso para intervenir en prisiones es, por lo tanto, lograr el reconocimiento de legitimidad procesal. El significativo esfuerzo del Centro de Estudios Legales y Sociales (CELS) de Argentina muestra la importancia que supone obtener el derecho a presentar acciones judiciales para incidir, desde la sociedad civil, en la cuestión penitenciaria. Gracias a un largo proceso, esta organización consiguió que se le reconociera legitimidad para la interposición de un hábeas corpus correctivo colectivo, el cual dio ocasión para que la Corte Suprema de Justicia de ese país emitiera la sentencia del caso conocido como Verbitzky.[10] Igual de importantes han sido los esfuerzos del Instituto de Defensa Legal del Perú para conseguir que se depuren las responsabilidades por la masacre de El Frontón, aunque con resultados no tan alentadores ante la negativa del Tribunal Constitucional del Perú de reconocerle legitimidad para intervenir en el

[10] Igualmente, es necesario señalar la actuación de defensores públicos y jueces de ejecución de penas en este proceso de judicialización de la vida carcelaria. El apoyo del Coordinador Juez de Ejecución de Penas a la demanda presentada por un recluso contra el Centro de Atención Institucional de San José fue determinante para la importante sentencia de la Corte Suprema de Justicia de Costa Rica (sent. 07484/2000), al señalar que no sólo estaba de acuerdo con lo narrado por la persona presa sino que "más bien cree que le faltó indicar otras irregularidades que suceden en el Centro de Atención Institucional de San José". También vale la pena mencionar la actuación, en el caso argentino, del defensor oficial Sergio Paduczak y del procurador penitenciario Francisco Mugnolo, quienes a través de la interposición de recursos a favor de las 2342 personas detenidas en la Unidad II del Penal de Devoto, el cual cuenta con capacidad para 1694 internos, consiguieron que se ordenara la realización de reformas y construcción de instalaciones.

proceso.[11] También lo han sido las labores del Centro por la Justicia y el Derecho Internacional (Cejil) ante la Corte Interamericana de Derechos Humanos y del Centro de Derechos Humanos de la Universidad Diego Portales de Chile para judicializar las violaciones a los derechos de las personas presas.[12]

[11] A pesar de que existía un pronunciamiento de la Corte Interamericana de Derechos Humanos sobre el caso de El Frontón, el Tribunal Constitucional del Perú se negó a evaluar el fondo del asunto al negarle legitimidad al Instituto de Defensa Legal para recurrir la decisión del Poder Judicial que, ante el recurso interpuesto por uno de los acusados, declaró la prescripción del delito por haber transcurrido veinte años desde su comisión. Tras la decisión de la Corte Interamericana, la Fiscalía peruana había acusado a 34 miembros de la marina y, uno de ellos, interpuso un recurso ante un tribunal de Lima quien declaró la prescripción y, por lo tanto, la imposibilidad de juzgar a los acusados (Tribunal Constitucional del Perú, exp. n.° 03173-2008-PHC/TC).

[12] Para una completa descripción de la situación del sistema penitenciario chileno y de los casos judiciales que se han producido en este país, ver el capítulo sobre condiciones carcelarias en (Universidad Diego Portales, 2008). Un estudio sobre el acceso a la justicia de las personas presas en Chile se encuentra en Stippel (2007). Los procesos de reforma estructural programados en el caso chileno son altamente significativos. Para el 2013 el Ministerio de Gobierno espera contar con 9000 nuevos cupos carcelarios, lo cual supone "la construcción de un complejo penitenciario femenino en **Arica,** con 384 plazas; una unidad carcelaria para **Calama**, con 850 cupos; una para **Copiapó** con capacidad para 800 personas, una nueva unidad para **Temuco,** que sumaría otras mil 500 plazas; además de un nuevo penal para la **VIII región interior**, con igual número; y un complejo penitenciario para la **región de Valparaíso**, de las mismas características de estos dos últimos" (Gobierno de Chile, Ministerio de Justicia, 2008) (negrita original). Pero el ambicioso programa de ampliación del sistema penitenciario chileno no se detiene en la construcción. Además de la creación de nuevos cupos se planean otras dos estrategias. En primer lugar, la ampliación, a partir del 2009, de la capacidad de los centros ya existentes de Arica, Iquique, Quillota, Rengo, Cauquenes, Los Ángeles, Puerto Aysén y el Centro de Cumplimiento Penal Colina 1, para encerrar a 2544 personas más. En segundo lugar, en ejecución del Programa de Concesiones de Infraestructura Penitenciaria se asegura que se

Jurisprudencialmente, el Tribunal Constitucional del Perú ha declarado, como dictum, que por medio del hábeas corpus correctivo "puede efectuarse el control constitucional de las condiciones en las que se desarrolla la restricción del ejercicio de la libertad individual, en todos aquellos casos en que ésta se haya decretado judicialmente" (Tribunal Constitucional del Perú, sent. jul. 21/2002).[13] Con base en esta doctrina ha ordenado que los prisioneros enfermos no sean trasladados a Challapalca sino a cualquier otra prisión, y que a las demás personas recluidas en este espantoso penal se les "proporcione adecuada atención médica y facilite el transporte de los familiares, cuando menos con periodicidad quincenal" (Tribunal Constitucional del Perú, sent. nov. 19/2002). También ha ordenado que las personas detenidas enfermas tengan derecho a recibir atención médica aún fuera del penal, "pues las personas recluidas en ejecución de una pena privativa de la libertad o detenidas como consecuencia de una medida cautelar

construirán cuatro prisiones más en Concepción, Antofagasta, Santiago y Talca, junto a las seis que se encuentran en funcionamiento en Alto Hospicio, La Serena, Santiago, Rancagua, Valdivia y Puerto Montt. Las empresas constructoras Claro-Vicuña S.A. y Dragados son las grandes beneficiadas. Como se resume con fría claridad en el Comunicado de prensa del cual se toma esta información, "al 2013 el servicio de prisiones de nuestro país, podría contar con un total de 16 **unidades carcelarias de alto estándar,** operada bajo modernos sistemas de vigilancia, control, segregación y reinserción. **La inversión total de las 6 nuevas unidades más la ampliación y mejoramiento de otros ocho recintos penitenciarias [sic] supera los 180 mil millones de pesos, para 200 mil metros cuadrados de construcción**" (Gobierno de Chile, Ministerio de Justicia, 2008) (negrita original).

[13] Para una exposición de los distintos tipos de hábeas corpus en la jurisprudencia constitucional peruana ver Tribunal Constitucional del Perú (sent. mar. 23/2004).

de detención, se hallan bajo una especial relación de sujeción tuitiva" (Tribunal Constitucional del Perú, sent. ago. 29/2005).

En segundo lugar, la *no intervención* se basa en el argumento de que existen aspectos propios del funcionamiento de la institución penitenciaria que no pueden ser debatidos por los jueces, dado que responden a la autonomía y discrecionalidad del gobierno de la prisión. Los traslados, la imposición de sanciones disciplinarias y el régimen de visitas son los principales temas que se consideran como un ámbito esencial de la discrecionalidad del gobierno penitenciario. El Tribunal Constitucional del Perú, por ejemplo, ha respaldado la discrecionalidad del Instituto Nacional Penitenciario (INPE) para efectuar traslados de prisioneros políticos y comunes (sent. mayo 8/2003; sent. oct. 4/2004; res. ago. 27/2003; sent. mayo 9/2002) (con la importante excepción de los traslados a Chalapalca), ha negado la excarcelación de los acusados por "traición a la patria" tras la declaratoria de inconstitucionalidad de este dudoso tipo penal (sent. mayo 8/2003), se ha negado a estudiar la constitucionalidad de exigir a las personas presas el pago de dinero para acceder a los beneficios penitenciarios (sent. ene. 27/99) y, en un caso significativo, declaró infundado el recurso presentado por Abimael Gúzman y Elena Iparraguirre señalando que las condiciones en las que se encuentran en el Centro de Reclusión de Máxima Seguridad de la Base Naval del Callao no constituyen una violación de sus derechos (sent. jun. 20/2002).[14]

---

[14] El Estado peruano ha iniciado un ambicioso plan de reforma estructural del sistema penitenciario. En el 2002 se creó una

La respuesta judicial como reforma estructural

El segundo tipo de intervención judicial, y generalmente el más frecuente, considera que las violaciones a los derechos individuales de las personas presas

---

Comisión Especial para elaborar un Plan Nacional de Tratamiento Penitenciario con el optimista fin de "solucionar definitivamente el problema penitenciario en el Perú", por medio de la construcción de más prisiones, la mejora de la infraestructura de las existentes, la erradicación del hacinamiento y la modernización del aparato burocrático penitenciario y del sistema de seguridad. Teniendo en cuenta que sólo el penal limeño de Lurigancho alberga la cuarta parte de la población penitenciaria del país y que presenta un índice de hacinamiento del 445%, en gran medida las estrategias de reforma han sido pensadas con base en la situación de éste y otros cuatro penales que, en conjunto, encierran al 42% del total de personas presas en el Perú y que dan cuenta del 97% del hacinamiento a escala nacional. Las recomendaciones de la Comisión, en esencia, fijan dos directrices principales. En primer lugar, plantea un escenario cuyos principales objetivos son: a) disminuir para el 2015 el hacinamiento en un 60% y b) recuperar la capacidad en un 85%. Para cumplir con lo anterior, se propone la construcción de dieciséis penales nuevos y de once pabellones, además de reformas en la infraestructura de los establecimientos existentes, todo con un presupuesto de S/. 458.336.000. Gracias a los acuerdos de cooperación internacional como el "Fondo General Contravalor Perú-Japón" que otorga un monto de hasta US $5.000.000 como donación no reembolsable para la elaboración de talleres, cocinas, comedores y servicios de salud. En segundo lugar, se recomienda la concesión total de los establecimientos carcelarios. El Gobierno peruano contrató los servicios de la firma Carter Globe Associates Inc., la cual diseñó los lineamientos del programa de concesión. Según esta firma, para el 2015 se necesitarán 15.755 camas nuevas para suplir la demanda prevista pues, de acuerdo con sus precisos cálculos, los establecimientos alcanzan su funcionamiento óptimo cuando albergan la cifra exacta de 2016 internos; para ello, en ocho años deberían construirse seis establecimientos nuevos y doce pabellones anexos. La Comisión recomienda "proceder con el modelo de concesión total (diseño, construcción, gerencia y financiamiento) para los dos primeros establecimientos penitenciarios a ser completados y operacionales a finales del 2004, y seguir hasta completar los otros cuatro penales", para lo cual sugiere modificar la legislación nacional para asegurar la disponibilidad de fondos en los próximos años. (Ministerio de Justicia del Perú, 2003).

son consecuencia de las deficiencias estructurales del sistema penitenciario.[15] Esta aproximación se presenta generalmente cuando existe hacinamiento. En este tipo de intervención se suele conceder un plazo temporal al Estado para que solucione las circunstancias materiales que se considera generan la violación de los derechos de las personas presas, mientras que al mismo tiempo se le recrimina por las condiciones infrahumanas de detención sin adoptar medidas inmediatas. Como se mostrará a continuación, en la adopción de una perspectiva estructural coinciden tanto las instancias judiciales nacionales como las internacionales, quienes difieren la solución del caso al perfeccionamiento futuro de la institución penitenciaria. La sentencia judicial se convierte en el primer paso hacia el fortalecimiento estructural del sistema penitenciario, buscando que las manifestaciones locales de la prisión se ajusten al modelo ideal consagrado en las normas nacionales e internacionales.

Algunos casos significativos en este sentido son los siguientes: en Costa Rica, la aproximación estructural se encuentra en la respuesta a la demanda de las mujeres presas en la cárcel del Buen Pastor. La falta de camas hacía que las mujeres se encontraran "durmiendo en el suelo sin colchones y expuestas a los roedores", lo que condujo a la Sala Constitucional de la Corte Suprema de Justicia a ordenar al Estado a que "en el plazo de seis meses, contados a partir de la notificación de esta sentencia" suministrará a las detenidas dichos servicios (Corte Suprema de

[15] Un análisis detallado de esta forma de intervención en el caso estadounidense, se encuentra en Feeley y Rubin (1998).

Justicia, sept. 27/96). También la demanda presentada por las personas detenidas en La Reforma, un centro en el cual el 35% de la población "duerme en el suelo, donde debe permanecer hasta que, con sus propios recursos, puedan comprar alguna de las camas existentes a los demás internos", situación que según la Sala Constitucional debe ser remediada concediendo un plazo de un año para que se suministren suficientes camas (Corte Suprema de Justicia, exp. 1564-P-96). Igualmente, la demanda presentada por una persona recluida en el Centro de Atención Institucional de San José, quien aseguraba que el insoportable y excesivo hacinamiento causaba que las personas durmieran en el suelo "padeciendo de enfermedades contagiosas". Nuevamente, la Sala Constitucional concedió el amparo ordenando que en el plazo de un año se pusiera dicho penal "en condiciones de respeto" a las normas internacionales (Corte Suprema de Justicia, mar. 1º/96). La situación, en Costa Rica, es resumida por Mora en los siguientes términos: "Es importante aclarar que la Sala Constitucional ha optado por dimensionar los efectos de las sentencias en esta materia, otorgando plazos de cumplimiento con el fin de otorgarle al Estado la planificación necesaria para asegurar el efectivo cumplimiento del fallo" (2000: 67).

La respuesta de las instancias judiciales internacionales es semejante, aunque en este caso dicha posición puede explicarse por la naturaleza misma de la jurisdicción internacional y su ámbito de competencia. La decisión adoptada en el caso de la Penitenciaría de Araraquara en Brasil, en la que 1600 personas se encuentran "detenidas en un patio abierto, expuestas a lluvias y a bajas temperaturas, sin vestimentas adecuadas, sin luz artificial o electricidad, siendo alimentados por la comida que desde afuera les es lanzada por encima de los muros", se encuentra orientada en este sentido (CIDH, res. jul. 28/2006). El 13 de abril del 2000 la Comisión Interamericana de Derechos Humanos expidió el informe 34/00 en el que declaraba responsable al Estado brasileño por la masacre de Carandirú (CIDH, 2000). Después de analizar las pruebas, la Comisión declaró que "la acción de la Policía, tal como está descrita en la petición y confirmada por las investigaciones oficiales y la opinión de expertos, se llevó a cabo con absoluto desprecio por la vida de los reclusos" (CIDH, 2000, considerando 63). Como consecuencia recomendó, entre otras cosas, "desarrollar políticas y estrategias destinadas a descongestionar la población de las Casas de Detención" (CIDH, 2000), así como establecer programas de rehabilitación y reinserción que cumplan con los imperativos internacionales.[16]

[16] El caso de la prisión de Carandirú produjo dos consecuencias: en primer lugar, el hacinamiento de los demás centros a los que fueron trasladadas las personas que se encontraban en Carandirú; en segundo lugar, la construcción de más y mejores cárceles. Anteriormente se había creado el Fundo Penitenciário Nacional (Funpen), con la misión de manejar los recursos para "construção, reforma, ampliação de estabelecimentos penais". (Departamento Penitenciário Nacional do Brasil [Depen], disponible em:. http://www.mj.gov.br/depen/default.htm). En 1998 se lanzó un programa de construcción que esperaba doblar la capacidad del sistema construyendo 52 nuevas prisiones, de las cuales 21 estarían en el Estado de Sao Paulo (Wacquant, 2003: 201). En noviembre de 1999 se inauguró en el Estado de Paraná la primera prisión administrada por una empresa de seguridad privada –el consorcio formado por Pires Serviços de Segurança y Metropolitana Serviços de Segurança–, la Penitenciaria Industrial de Guarapuava, un establecimiento de máxima seguridad con capacidad para 240 personas (Macaulay, 2002: 21). En diez años se ha casi triplicado el

La Corte Interamericana de Derechos Humanos condenó a Venezuela por la masacre de 37 reclusos en el penal Retén de Catia, ubicado en la ciudad de Caracas, el 27 de noviembre de 1992 (CIDDHH, sent. jul. 5/2006). Según se declaró probado dentro del proceso, "las condiciones de extremo hacinamiento y sobrepoblación carcelaria eran causantes de múltiples violaciones a los derechos de los reclusos" (sent. jul. 5/2006), por lo que, entre las distintas órdenes se incluyó la obligación de "adoptar, dentro de un plazo razonable, las medidas necesarias para que las condiciones de las cárceles se adecuen a los estándares internacionales relativos a esta materia" (CIDDHH, sent. jul. 5/2006, párs. 145 y 146 y considerandos 10 y 11 de la parte dispositiva).

Otros ejemplos de litigios incluyen la condena al Estado del Paraguay por la muerte de nueve menores en un incendio ocurrido en el tristemente célebre Instituto de Reeducación del Menor (CIDDHH, sent. sept. 2/2004); la condena al Estado del Ecuador por la detención arbitraria y la inexistencia de condiciones de reclusión para el demandante "conforme a su condición de ser humano", ordenando la creación de un programa de capacitación para el "personal judicial, del Ministerio Público, policial y penitenciario, así como a los médicos y psicólogos correspondientes, sobre el tratamiento de reclusos" (CIDDHH, sent. sept. 7/2004). Igualmente se ha condenado al Estado de Guatemala por no proporcionar a un condenado

presupuesto destinado al sistema penitenciario, pasando de 78.365.041 en 1995 a 224.098.871 para el 2005. Según los informes de gestión del Depen, entre 1995 y el 2000 se crearon 34.756 nuevos cupos. En el 2005 se crearon 3478 nuevos cupos.

a muerte condiciones "dignas" de reclusión, asegurando que el "Estado debe adoptar, dentro de un plazo razonable, las medidas necesarias para que las condiciones de las cárceles se adecuen a los estándares internacionales relativos a esta materia" (CIDDHH, sent. sept. 15/2005).[17]

Cierre de prisiones, control y reducción del encierro

Mientras que la intervención judicial concentrada en la reforma estructural supone abordar el problema del hacinamiento con base en el aumento de la capacidad de albergue del sistema penitenciario, otra alternativa que ha sido explorada de manera incipiente busca reducir el ingreso de personas a prisiones cuando se constata que las condiciones de reclusión son indignas. También, busca limitar el poder que el Estado puede tener sobre las personas presas en virtud del encierro. Así, por ejemplo, Amnistía Internacional y la Comisión Interamericana de Derechos Humanos (CIDH) han solicitado varias veces al Estado peruano el cierre de las prisiones de Challapalca —ubicada a más de 4600 metros de altura— y Yanamayo. Igualmente, se encuentran la sentencia relativa a las condiciones de reclusión en los penales Castro Castro, Yanamayo y Challapalca (CIDDHH, sent. nov. 25/2005) y la relativa al terrible régimen de detención al que fue sometida una

[17] Igualmente, para el caso de Honduras, ver CIDDHH (sent. ene. 1°/2006), que declara que "durante el periodo de detención en el Centro Penal de Tela y en la Penitenciaría Nacional de Támara, en la ciudad de Puerto Cortés, la presunta víctima fue sometida a condiciones de detención insalubres y de hacinamiento".

acusada de "traición a la patria" en la prisión de Yanamayo (sent. nov. 25/2004).

Esta perspectiva, igualmente, implica reforzar la responsabilidad del Estado en la conservación de la integridad física y moral de las personas detenidas, como lo muestra la sentencia condenatoria contra el Perú ante la desaparición de tres prisioneros políticos el 18 de junio de 1986 durante un motín en el penal San Juan Bautista El Frontón (CIDDHH, sent. ene. 19/95). En el mismo sentido, se encuentra el caso de la Cárcel de Urso Branco en las que la CIDH ordena "adoptar de forma inmediata las medidas necesarias para que no muera ni resulte herida ninguna persona" (CIDH, res. sept. 21/2005).

En Honduras, ante el hacinamiento, se interpuso por parte de la Fiscalía Especial de Derechos Humanos un hábeas corpus correctivo que culminó con la sentencia de la Corte Suprema de Justicia que ordena la libertad de las personas presas sometidas a tratos crueles, inhumanos y degradantes. Dicha sentencia confirma la orden de libertad para los detenidos en la Celda Veinte o Celda de Castigo de la Penitenciaría Nacional de San Pedro Sula,

> [...] toda vez que las condiciones higiénicas en las que se encuentran son deplorables, pues carecen de los servicios básicos mínimos, dándose el caso de que hacen sus necesidades fisiológicas dentro de la misma celda y sobre periódicos, y que estando alojados ahí siete reclusos, únicamente cuentan con una colchoneta para dormir, vulnerándose de ese modo, lo dispuesto en el artículo 68 de la Constitución de la República que proscribe los tratos crueles, inhumanos o degradantes (Corte Suprema de Justicia, Sala Constitucional, mar. 7/2009).

Una de las decisiones judiciales más significativas en este sentido es la adoptada por el Tribunal de Justiça del Estado do Estado Rio Grande do Sul en el caso de Rafael Santos do Jesus (Tribunal de Justiça del Estado do Estado Rio Grande do Sul, abr. 15/2009). Santos había sido condenado por el tribunal de instancia a "05 anos, 07 meses e 06 dias de reclusão, em regime semi-aberto, mais pecuniária de 20 dias-multa, à razão mínima" (Tribunal de Justiça del Estado do Estado Rio Grande do Sul, abr. 15/2009), como consecuencia de un robo a mano armada. En la apelación, el Tribunal señaló con claridad la contradicción en que se incurre al momento de justificar la pena con base en el respeto a la legalidad cuando ésta se aplica, paradójicamente, desconociendo el mismo orden jurídico que asegura proteger: "com base na lei se condenam pessoas a pena de prisão (para prejudicar) mas no momento em que se deve beneficiá-las (condições prisionais), nega-se a legalidade. Algo intolerável, beirando a hipocrisia" (Tribunal de Justiça del Estado do Estado Río Grande do Sul, abr. 15/2009). Por ello, el Tribunal determinó que "o ora condenado **somente** irá a presídio **se e quando for preservada a vida prisional de acordo com a lei**. Enquanto isso não for providenciado, **o mandado de prisão ficará suspenso e correndo a prescrição**" (Tribunal de Justiça del Estado do Estado Río Grande do Sul, abr. 15/2009) (negrita original). Esta sentencia es bastante significativa al adoptar medidas concretas para la protección de la persona presa sin acudir, únicamente, a la reforma estructural, ordenando la suspensión del auto judicial que ordena el ingreso en prisión y la iniciación de la prescripción; de hecho, muestra que es posible proporcionar respuestas alternativas al problema de las condiciones de reclusión indignas e inhumanas.[18]

Sin las implicaciones que supone una aproximación judicial que privilegia la libertad personal y los derechos fundamentales sobre la imposición de la pena en condiciones indignas, vale la pena destacar, nuevamente, el caso Verbitzky en Argentina. El CELS interpuso una "[...] acción de hábeas corpus correctivo y colectivo en amparo de todas las personas privadas de su libertad en jurisdicción de la Provincia de Buenos Aires detenidas en establecimientos penales y comisarías sobrepoblados" (Corte Suprema de Justicia de la Nación, recurso de hecho mayo 3/2005: 13). Desafortunadamente no es necesario mencionar detalladamente los hechos que motivaron la presentación de la demanda, pues éstos pueden ser resumidos acudiendo a los grandes descriptores del mundo penitenciario: violencia, hacinamiento, enfermedad y hambre, circunstancias que, en opinión de la Corte Suprema de Justicia, "importarían trato cruel, inhumano o degradante u otros análogos, susceptibles de acarrear responsabilidad al Estado Federal" (Corte Suprema de Justicia de la Nación, recurso de hecho mayo 3/2005: 13).[19] La importancia

[18] Las recientes declaraciones del magistrado Cezar Peluso, quien asumirá la presidencia del Supremo Tribunal Federal, muestran que se puede producir un giro en la forma como la judicatura brasileña se enfrenta al tema penitenciario. Peluso señaló que la situación de las prisiones de Brasil representa un "crimen de Estado contra el pueblo" y una "vergüenza para el país" (Arias, 2010).

[19] La Corte, anteriormente, había asegurado que el principio de legalidad rige plenamente en los procedimientos ante los jueces de ejecución de penas y que, por ello, no hay ninguna razón para

de esta sentencia radica, además del reconocimiento de legitimidad procesal al CELS y de la admisión de un hábeas corpus colectivo, en que presenta una respuesta judicial alternativa a la sobrepoblación penitenciaria cuando ordena que se "haga cesar en el término de sesenta días la detención en comisarías de la provincia de menores y enfermos" y que las autoridades "hagan cesar toda eventual situación de agravamiento de la detención que importe un trato cruel, inhumano o degradante o cualquier otro susceptible de acarrear responsabilidad internacional al Estado Federal" (Corte Suprema de Justicia de la Nación, recurso de hecho mayo 3/2005: 66).[20]

Esta misma línea de aproximación se observa, igualmente, en algunas decisiones de la Sala Constitucional de la Corte Suprema de Justicia de Costa Rica. Gran parte de las demandas decididas por este tribunal se refieren al penal La Reforma, cuyas condiciones de reclusión han sido contestadas ante los tribunales en repetidas ocasiones. A pesar de decisiones judiciales anteriores (que no fueron cumplidas) que ordenaban proporcionar camas a los internos,

---

pensar que el control jurisdiccional "no abarca también la etapa de ejecución de la pena" (Corte Suprema de Justicia de la Nación, recurso de hecho mar. 9/2004).

[20] Sin embargo, como lo señala el CELS, "Es cierto también que en varias jurisdicciones ha disminuido el número de personas encarceladas y se observa alguna mejora en las condiciones edilicias de los lugares de encierro, pero la sobrepoblación y el hacinamiento no han sido resueltos todavía. Un escrutinio sobre la mayoría de los centros de detención del país pone en evidencia que, en cualquier caso, su situación no resulta compatible con los estándares legales sobre condiciones de detención establecidos por la Corte Suprema de Justicia de la Nación (CSJN) en el fallo "Verbitsky" (CELS, 2008: 171-172).

gracias a una nueva demanda se constató que en dos de sus pabellones estaban recluidas 342 personas más que las teóricamente permitidas (880) y que esto generaba "condiciones angustiantes de hacinamiento y mala alimentación". En esta ocasión, la Sala Constitucional optó por medidas más estrictas, otorgando al Gobierno "un término de tres meses para que suministre a los internos del Centro Institucional La Reforma un lecho y descongestionar los Ámbitos A y B". Lo más significativo del caso no sólo es que se considera la descongestión como alternativa, sino la interpretación que se hace de este tipo de casos desde el punto de vista de la prohibición de imponer tratos crueles, inhumanos y degradantes: "En cuanto, a que la Institución recurrida no les brinda camarotes a los privados libertad para dormir, no puede ser a juicio de esta Sala otra cosa más que un castigo y un trato degradante contrario a la dignidad humana, que no se puede soslayar de ninguna forma" (Corte Suprema de Justicia, res. mar 3/98). Lo que no queda clara es cuál sería la respuesta judicial efectiva para resolver un caso planteado en estos términos y si la alusión a la existencia de tratos crueles, inhumanos y degradantes se reduce a un reproche moral sin consecuencias jurídicas.

La tendencia de la Sala Constitucional de la Corte Suprema de Costa Rica a abordar el problema de la sobrepoblación penitenciaria no aumentando únicamente la oferta de cupos, sino disminuyendo el tamaño de la población penitenciaria, se observa con relativa claridad en la sentencia sobre el hacinamiento en el Centro de Atención Institucional de San José. La persona demandante aseguró que las terribles condiciones de reclusión hacían que con el "transcurso del tiempo sus condiciones de vida sean cada vez menores". La Sala Constitucional combina la reforma a largo plazo con medidas de alcance intermedio, ordenando que en el plazo de un año "se ponga al Centro de Atención Institucional de San José en condiciones de respeto" de las normas y añadiendo que "a partir de la comunicación de este voto se le ordena no recibir más privados de libertad en el Centro de Atención Institucional de San José", y que en ese mismo término debe "disminuir paulatinamente la población penal en el mismo hasta llegar a la capacidad real de ese centro carcelario" (Corte Suprema de Justicia, res. 2000-07484). Las condiciones infrahumanas de detención, pues, pueden ser contrarestadaas impidiendo que se extiendan sus efectos a más personas.

Este sombrío panorama plagado de tragedias, denuncias y sentencias judiciales nos proporciona una imagen relativamente clara del campo penitenciario latinoamericano: la resistencia social al horror penitenciario a través de la reivindicación de la dignidad humana en los estrados judiciales. La prisión es acusada repetidamente de ser un lugar abominable, un espacio de exterminio que no respeta los valores modernos defendidos —retóricamente o no— por operadores jurídicos y políticos. Por eso mismo hay que reformarla, para alcanzar, por fin, la tan ansiada penalidad moderna. No renunciamos a la prisión porque, como institución, es un símbolo de modernidad y humanismo (Aguirre y Salvatore, 2001). Pero necesitamos reformarla porque también es un símbolo de los peores males del subdesarrollo y del tercermundismo. Sin duda es una extraña sensación no poder apartarse de aquello que se desprecia. Cuanto más se critica la prisión, más esfuerzos se hacen para entrenar a su personal, más dinero se destina a la construcción de más y mejores lugares de encierro, más tecnología es trasplantada, se celebran más contratos con multinacionales de la seguridad, más personas son encerradas todos los días. Todo con el fin de humanizar el presidio. A pesar de que sabemos perfectamente qué pasa con la vida de una persona en los oscuros patios de una prisión cualquiera, en un extraño trueque cambiamos su sufrimiento por nuestra sensación de seguridad. Preferimos la certeza del encierro a evaluar tanto la pertinencia de la prisión como la legitimidad del castigo que supone. El castigo que exigimos es una expresión de nuestras emociones (Garland, 1990). Esta aparente paradoja es la que permite que las luchas que se libran en los estrados judiciales contra el encierro devengan en el fortalecimiento de la prisión como institución, haciendo que los tribunales se subordinen, al fin de cuentas, a sus exigencias funcionales. Como lo decía Foucault, la prisión "no está subordinada al tribunal como el instrumento dócil o torpe de las sentencias que da y de los esfuerzos que quisiera obtener [...] es él, el tribunal, el que es, por relación a ella, exterior y subordinado" (1989: 314). Cuando los jueces ordenan que el sistema debe ser "modernizado" y "humanizado" desencadenan un proceso de reforma que implícitamente legitima la prisión, que abre las puertas a las multinacionales de la seguridad, que invita a la adopción del nuevo ethos de la penalidad neoliberal y sus discursos sobre el crimen y el castigo (Wacquant, 2002). Foucault decía que el fracaso de la prisión es su triunfo más sonoro. Cuánto más fracase la prisión más tiempo estará entre nosotros pues la "reforma de la prisión es casi contemporánea de la prisión misma. Es como su programa" (1989: 235).

LA LUCHA CONTRA EL SUBDESARROLLO: PRISIÓN Y ADJUDICACIÓN CONSTITUCIONAL EN COLOMBIA

> Estoy de acuerdo con el Dr. Giraldo Marín y, además, debemos reconocer cómo en Colombia por sus singulares condiciones penitenciarias, un sólo día de prisión en cualquiera de nuestras cárceles, hace pensar al recluso en la pena de muerte como preferible a la de privación de la libertad
>
> Intervención de Gutiérrez Anzola en la Comisión redactora del Código Penal de 1980, Comisión 1979, acta n.º 5, p. 532.

La historia reciente de las relaciones entre la justicia constitucional y la prisión en Colombia encuentra un punto de ruptura y continuidad en 1998. Ruptura, porque después de cientos de casos llevados por personas presas, familiares y defensores de derechos humanos ante la justicia constitucional, la Corte Constitucional decidió intervenir de manera fuerte en el mundo carcelario. Continuidad, porque dicha intervención, como lo muestra la situación posterior, no condujo a una evaluación crítica de la prisión y el encierro, sino a su fortalecimiento y expansión. Continuidad, por lo tanto, con las doctrinas de la relación especial de sujeción y el régimen diferenciado de derechos que durante cerca de quince años han soportado la respuesta constitucional al litigio carcelario y que, en síntesis, privilegian la incapacitación del delincuente, el buen gobierno carcelario y la seguridad sobre la vigencia de los derechos de las personas presas.[21]

Los casos de adjudicación constitucional rutinaria verifican esta apreciación. La defensa del sistema penitenciario por parte de la Corte se observa en las sentencias sobre la destinación de partidas presupuestales (Corte Constitucional, sents. T-501/94; T-420/94), las órdenes que garantizan el suministro permanente de energía eléctrica aún sin pagar (Corte Constitucional, sent. T-235/94.), las cuales se derivan de la "protección especial a los centros de reclusión" (Corte Constitucional, sent. T-639/04). También se observa en la protección casi absoluta de la discrecionalidad del gobierno carcelario en asuntos como los traslados a otras cárceles (Corte Constitucional, sents. T-121/95; T-066/96) y a otros patios dentro de un mismo presidio (Corte Constitucional, sent. T-1308/01), señalando que existe otro medio de defensa para controvertir estas decisiones (Corte Constitucional, sent. T-193/94). La Corte ha señalado igualmente que no puede inmiscuirse en consideraciones sobre el riesgo que corre la vida de una persona presa (Corte Constitucional, sent. T-611/2000) y ha respaldado la detención preventiva negando la detención domiciliaria de las madres de menores señalando que "de la necesidad de proteger los derechos fundamentales del menor no se sigue

[21] Para un análisis detenido de la jurisprudencia constitucional colombiana sobre prisiones me permito remitir a Ariza (2005).

necesariamente que su madre deba salir de la prisión" (Corte Constitucional, sent. T-598/93). En esta oportunidad me concentro en la dialéctica ruptura-continuidad, analizando el principal caso de intervención judicial que ha dado lugar a una reforma estructural del sistema. A través del análisis de este caso, espero mostrar cómo se construye el discurso constitucional sobre la crisis carcelaria, los supuestos ideológicos en los que se apoya, su relación con la reforma penitenciaria y los efectos que lo anterior produce en la forma como entendemos el castigo penitenciario.

El discurso constitucional de la crisis carcelaria

En 1998 varias personas recluidas en las prisiones de Bellavista, en Medellín, y La Modelo, en Bogotá, interpusieron acciones de tutela para "evitar el perjuicio irremediable de tener que seguir soportando esta tortura" (Corte Constitucional, sent. T-153/98). La tortura a la que se refieren los demandantes no era otra que las condiciones de vida de los penales colombianos. En el momento de plantear el caso, el sistema había alcanzado el clímax de su crisis. Los grupos internos de poder gobernaban las prisiones, el hacinamiento había llegado al 40%, el 44% del presupuesto de las prisiones se destinaba a gastos de funcionamiento dedicando US $5 al día para cada prisionero, sólo el 34% de los prisioneros estaban inscritos en programas de estudio o trabajo, por cada 14 personas presas existía un guardián, una persona moría cada cuatro días y al año 364 resultaban heridas (Instituto Nacional Penitenciario y Carcelario [Inpec], 1999). La Corte respondió a esta situación con un tratado de historia, que no es otra cosa que la elaboración de un convincente y juicioso metarrelato de la crisis penitenciaria que hace que la respuesta final aparezca tan deseable como absolutamente necesaria: la reforma y la expansión del sistema. Si bien la Corte designa tres elementos como causa remota de la actual situación —factores jurídicos, institucionales y por último sociales—, sólo se concentra en aquellos que atañen al manejo institucional del sistema penitenciario. Esta historia judicial de la prisión, por lo tanto, se concentra en algunos aspectos de la situación, constitucionalizando algunos hechos y rechazando otros, construyendo el caso con base en la respuesta que se le piensa dar.

El primer elemento de este metarrelato es la escala con la que el juez se aproxima al problema. Dependiendo de la escala de aproximación que se utilice para abordar la realidad (Santos, 1987: 284), tanto la dimensión del caso como la respuesta que se le da variarán. En esta ocasión, la Corte eligió una escala que elimina el detalle, que se concentra en los aspectos institucionales y estructurales de la situación, en el contexto histórico que explicaría por qué las personas presas están durmiendo unas sobre otras en los pasillos de la prisión. La escala hace que veamos claramente a la prisión y sus necesidades funcionales y que, al mismo tiempo, perdamos de vista a la persona y su sufrimiento. Lo anterior se manifiesta en la doctrina constitucional elegida para resolver el caso, que no es otra que el estado de cosas inconstitucional.[22] A

[22] El *estado de cosas inconstitucional* es una doctrina que la Corte ha utilizado en aquellos casos en donde considera que la violación del derecho fundamental 1. es el resultado de una causa estructural e histórica que, 2. no puede ser atribuida a una única institución sino al Estado en su conjunto, y 3. que exige la adopción de medidas a

pesar de su afirmación en torno a que "la reconstrucción de esta realidad dolorosa le corresponderá quizás a la literatura, despiadada acusadora de las sociedades ante la historia" (Corte Constitucional, sent. T-153/98), la Corte realiza su propio discurso sobre las prisiones colombianas con base, principalmente, en la historia institucional del hacinamiento. En palabras de la propia Corte "[...] se pueden distinguir cuatro etapas dentro del fenómeno de la ocupación carcelaria en Colombia, a saber: la época del asentamiento, entre 1938 y 1956; la época del desborde, entre 1957 y 1975; la época del reposo, entre 1976 y 1994; y la época de la alarma, desde 1995 hasta la fecha" (Corte Constitucional, sent. T-153/98). Estamos, pues, en una época precisa que reclama esfuerzos históricos y sacrificios en nombre de la historia. La Corte hace inteligible la actual situación, explicando que nos hallamos en una etapa específica dentro de la gran historia contable del número de celdas y prisioneros en la que "los proyectos de ampliación del número de cupos [...] no se han cumplido" (Corte Constitucional, sent. T-153/98).

En la medida en que el protagonista de esta historia no es la persona presa, sino la prisión como institución, tanto la explicación de los errores como el planteamiento de la solución conducirán a un análisis que fortalece el discurso en el que se apoya la lógica del hacinamiento: "la pregunta que surge es si, desde la perspectiva de la acción contra el hacinamiento carcelario, tiene sentido el alto gasto realizado en la remodelación de las celdas. En efecto, el hacinamiento continuará dándose en la misma forma, pues el número

largo plazo. Un análisis detenido de la utilización de esta doctrina se encuentra en Ariza (2000).

de metros cuadrados por interno seguirá inalterado" (Corte Constitucional, sent. T-153/98). Este tipo aproximación, como lo muestra la experiencia comparada, es la que generalmente se presenta en estos casos. Cuando los jueces emprenden la tarea de impulsar la reforma estructural, su labor de adjudicación se convierte en un ejercicio gerencial en el que gran parte del razonamiento jurídico se confunde con las consideraciones administrativas y presupuestales (Bradley, 1990; Feeley y Hansen, 1990; Glazer, 1979; Robertson, 1997). Por ello, para la Corte es mejor ampliar el número de celdas que maquillar su interior, con lo que implícitamente reconoce que el número de personas presas no va a disminuir, por lo menos si de ella depende, mientras que los metros cuadrados de la prisión cubrirán más espacio social. Por eso mismo, ciertos problemas jurídicos como la sistemática discriminación al interior de los muros, el uso excesivo de la detención preventiva y, principalmente, la aplicación de la pena privativa de la libertad en condiciones infrahumanas, son soslayados.

La escala de aproximación supone igualmente un manejo específico del tiempo. Como se acaba de ver, la Corte se apoya en un marco temporal en el que la actual situación no es otra cosa que la continuidad ineludible entre distintas etapas de crisis institucional. Esta crisis es causada por "la antigüedad de los centros de reclusión" (Corte Constitucional, sent. T-153/98), por el hecho de que "los penados no constituyen un grupo de presión que pueda hacer oír su voz. Por eso, sus demandas y dolencias se pierden entre el conjunto de necesidades que agobian las sociedades subdesarrolladas, como la colombiana" (Corte Constitucional, sent. T-153/98). Subdesarrolladas y antiguas, las prisiones colombianas exigen un salto cualitativo que las acerque, por lo menos un poco, al estadio histórico superior constituido por el eficiente sistema penitenciario moderno, con su riguroso y eficaz manejo burocrático del tiempo y del espacio. Paradójicamente, la Corte asume la voz de las "personas marginadas por la sociedad" para ordenar la construcción de más y mejores cárceles donde encerrarlas.[23] Una vez que el caso es presentado como la manifestación de una realidad histórica, resulta más fácil eludir la discusión en torno a las políticas jurisprudenciales dedicadas al presente. Posiblemente, el vacío más grande de esta sentencia es que no explica —ni siquiera discute— por qué las personas que actualmente se encuentran en prisión deben asumir la carga de soportar condiciones de vida infrahumanas, por qué razón deben pasar años en "centros donde se violan sistemáticamente los derechos fundamentales" (Corte Constitucional, sent. T-153/98), mientras el sistema es reformado. En la prisión no existen los perjuicios irremediables; en sus pasillos se pierde el carácter inmediato de la acción de tutela y la protección judicial. Como lo señala Christie, "en este proceso el juez penal ha dejado de estar en estrecha relación con las totalidades de valores para convertirse en un ejecutivo de una rama del control del crimen" (1997: 108).

[23] Sin duda, en cuanto a dar voz a los reclamos de grupos sociales minoritarios, el "desempeño de transformación social" (Gloppen, 2006: 44) de la Corte Constitucional ha sido notable al denunciar la situación de violación de derechos humanos que sufren las personas presas. Sin embargo, tras la denuncia se legitima la situación al aceptar que mientras se reforma el sistema de todas maneras es inevitable que las personas presas sigan sufriendo las consecuencias negativas que se derivan de dicho estado de cosas.

El tercer elemento de este metarrelato es, por lo tanto, la reforma. Si la situación planteada por las personas que se encuentran presas en La Modelo y Bellavista es la manifestación de un problema histórico, la solución, obligatoriamente, debe requerir un esfuerzo de iguales dimensiones. En la medida en que la prisión es la protagonista de esta triste historia, todas las medidas que se adoptan en la sentencia se dirigen a su modernización, a mejorar su aparato administrativo, a garantizar su buen gobierno, a ampliar su capacidad y seguridad porque en el fondo se considera que cuando se consiga lo anterior se respetarán, necesariamente, los derechos de las personas presas. Primero la modernización de la prisión, luego los derechos de las personas presas. Las órdenes dadas por la Corte Constitucional hablan por sí solas:

> Tercero. ORDENAR al Inpec, al Ministerio de Justicia y del Derecho y al Departamento Nacional de Planeación [DNP] elaborar, en un término de tres meses a partir de la notificación de esta sentencia, un plan de construcción y refacción carcelaria tendente a garantizar a los reclusos condiciones de vida dignas en los penales.
>
> Cuarto. ORDENAR al Ministerio de Justicia y del Derecho, al Inpec y al Departamento Nacional de Planeación [DNP], en cabeza de quien obre en cualquier tiempo como titular del Despacho o de la Dirección, la realización total del plan de construcción y refacción carcelaria en un término máximo de cuatro años, de conformidad con lo establecido en el Plan Nacional de Desarrollo e Inversiones.

La única alusión a la situación actual de las personas presas se hace en el último numeral de la parte resolutiva, lo cual indica claramente las prioridades que maneja la Corte en esta materia:

> Undécimo. ORDENAR al presidente de la República, como suprema autoridad administrativa, y al ministro de Justicia y del Derecho que, mientras se ejecutan las obras carcelarias ordenadas en esta sentencia, tomen las medidas necesarias para garantizar el orden público y el respeto de los derechos fundamentales de los internos en los establecimientos de reclusión del país (Corte Constitucional, sent. T-153/98).

En virtud de esta orden tan vaga, mientras el sistema es reformado, las personas presas deben soportar estoicamente las condiciones de reclusión que la misma Corte ha calificado como infrahumanas. Si nos atenemos al resultado del caso, los dos únicos beneficiados son la prisión y sus defensores, que contarán con más recursos, y la Corte, que incrementa su capital simbólico sin comprometer su posición política. La Corte optó por el único camino que le trazaba su ideología sobre la persona presa y la función del castigo. No hay que atenerse únicamente a la retórica sobre la resocialización que como dictum alimenta la sentencia para entender cuál es la ideología que efectivamente defiende la Corte. El resultado concreto del caso nos muestra que la Corte asume que al final es justo y constitucional que las personas presas sigan soportando condiciones de vida infrahumanas, eludiendo el muy importante debate sobre la legitimidad de esta situación y los efectos que se derivarían de enfrentar todas las aristas del problema —la pobreza igualmente estructural, la detención preventiva generalizada, las masacres y no sólo el hacinamiento.[24] Al final, sigue siendo justo que el castigo conlleve una dosis de sufrimiento (Foucault, 1989). Lo anterior sólo es admisible si se tiene una visión específica de la persona presa. Como lo señala Kennedy (2001), la supuesta neutralidad valorativa e ideológica del juez principalmente opera como un mecanismo simbólico que asegura la creencia ciudadana en la imparcialidad y coherencia de un contradictorio y perspectivo sistema jurídico. La decisión judicial es presentada, por lo tanto, como el resultado lógico de una aplicación del sistema jurídico cuando muchas veces es más bien el producto de una elección estratégica de los textos y materiales. En este caso, la decisión se inspira en la creencia de que la prisión es una institución que sirve para controlar seres humanos considerados esencialmente peligrosos o problemáticos y, en consecuencia, es presentada como la mejor manera de gestionar poblaciones que ni el mercado laboral o el asistencialismo pueden adoptar (Adler y Longhurst, 1994; Feeley y Simon, 1999).

Lo importante es entonces que las personas presas no salgan a la calle, sin importar como (sobre) viven dentro de la cárcel que las alberga, ni cuál sea su situación jurídica. Existen casos precedentes en los

[24] Según Rodríguez y Rodríguez, uno de los principales problemas de esta sentencia se encuentra en su fase de implementación, pues la falta de un mecanismo de seguimiento hizo que "el fallo tuviera sólo efectos temporales y limitados" (2010: 36). En lo que sigue de este texto se intentará mostrar que los problemas de la sentencia radican tanto en la definición del problema como en la posterior ejecución de sus órdenes. La significativa expansión del sistema penitenciario colombiano muestra que la anterior afirmación debería ser matizada: los efectos de la T-153 de 1998 han sido sin duda limitados en cuanto a la protección de la persona presa, pero amplios y permanentes en lo que se refiere al crecimiento de la prisión.

que la Corte Constitucional colombiana se ha negado a ordenar una excarcelación parcial de personas que jurídicamente tienen razones suficientes para exigirla. El primero de ellos, incluso, le supuso respaldar un estado de conmoción interior en 1992 (D. 1155/92) ante la inminente excarcelación por vencimiento de términos de personas juzgadas por la justicia regional, un aparato de excepción destinado a los delitos considerados de mayor entidad. Al respecto la Corte Constitucional señaló que "Los derechos fundamentales no pueden ser convertidos, por cuanto sería una conclusión interpretativa al absurdo, en medios para obtener la impunidad" (Corte Constitucional, sent. C-556/92). Poco tiempo después, el mismo presidente acudió a dicha institución para impedir que aquellas personas juzgadas por la justicia regional salieran de la cárcel en virtud del ejercicio del hábeas corpus. Esta vez, la Corte optó por la inconstitucionalidad de la declaratoria pero, hábilmente, señaló que sus efectos se producían a partir del momento en que quedara en firme la sentencia y no desde la fecha de la declaratoria del estado de conmoción interior, como es usualmente el caso. Como resultado, el Gobierno pudo impedir que las personas salieran de la cárcel modificando las reglas relativas al hábeas corpus y la Corte obtuvo su ganancia simbólica al declarar la inconstitucionalidad del estado de conmoción interior. El magistrado Gaviria, en su aclaración de voto, describe perfectamente la situación: "no podía el Gobierno dictar normas que alteraran o suspendieran los términos dentro de los cuales estaban obligados los jueces a resolver la situación jurídica de los sindicados, muchos de los cuales tenían derecho a recuperar su libertad y no pudieron hacerlo por aplicárseles —retroactivamente— disposiciones más gravosas, lo que constituye una exabrupto a la luz de nuestra Constitución y de cualquiera otra Constitución civilizada" (sent. C-300/94, aclaración de voto). Así, los costos humanos que suponen los planes de reforma del sistema son asumidos por las personas presas; el tiempo que dan los jueces para que la prisión real sea fiel a su ideal normativo, es el tiempo vital y la duración del sufrimiento de las personas presas.

Encerrando la pobreza: reforma y nueva cultura penitenciaria

> Él está abandonando el penal: sale por la reja de la sección de reseña y respira el aire libre, o casi libre porque aún falta cruzar la puerta principal; sin mirar atrás camina hacia una vida limpia; va despacio pero decidido. ¡Antes muerto que volver a ese lugar!
>
> *Historias de la cárcel de Bellavista*
>
> José Libardo Porras

En la sección anterior se presentó un panorama un tanto sombrío de las posibilidades de la reforma penitenciaria. Desafortunadamente, la propia Corte Constitucional se ha visto obligada a reconocer que las cosas, desde el punto de vista de las condiciones de reclusión, no han cambiado en lo absoluto después de su sentencia. De hecho, en un pronunciamiento en el que se decidió el caso de una persona recluida en la cárcel de Bellavista que alegaba la violación de su derecho a la salud, la Corte reconoció que:

> La Sala encuentra que, no obstante haber transcurrido casi dos años desde el citado fallo (T-153

> de 1998), se mantienen los elementos fácticos allí reconocidos, pues, lejos de mejorar, la situación carcelaria en el país se ha venido deteriorando en forma considerable día a día, con ostensible daño a los derechos fundamentales de los reclusos, quienes se ven precisados a soportar condiciones infrahumanas (Corte Constitucional, sent. T-256/2000).[25]

Casi una década después de la sentencia T-153/98 parece que todo sigue igual; sin embargo, un examen detenido de la situación muestra que en este periodo se han producido cambios profundos en el sistema penitenciario colombiano que no han conducido al respeto de los derechos fundamentales de las personas presas. Por el contrario, la expansión del sistema carcelario le ha permitido aumentar su capacidad para encerrar a la mayor cantidad de personas pobres que sea posible.

Empecemos por la expansión del sistema. En un documento emitido por el Consejo Nacional de Planeación Económica y Social (Conpes, 2004) se hace un claro balance de los resultados hasta ahora obtenidos. En el periodo comprendido entre 1998 y el 2004 se crearon 16.443 cupos y la inversión total en infraestructura alcanzó hasta el 2003 los $523,5 mil millones. A pesar de este notable crecimiento del sistema, el Conpes considera que de todos modos es insuficiente ante el aumento previsible de la población que resultará recluida como consecuencia de la

[25] La misma declaración se encuentra en las sentencias T-257 de 2000 y T-1134 de 2004. Esto, a pesar de la optimista declaración del Ministerio de Justicia de la República de Colombia (2002): "se dio cumplimiento a la tutela T-153 de 1998 en la mayor parte de su contenido con excepción de la separación de condenados y sindicados".

política de seguridad ciudadana del gobierno Uribe. El Consejo proyecta dos escenarios: en el primero de ellos, al finalizar el 2006 la población reclusa ascenderá a 86.833, 52% en virtud de la detención preventiva, y faltarán 38.542 cupos. En el segundo escenario, para el 2006, se espera que la cifra ascienda a las 98.448 personas, lo que generará un hacinamiento del 104% con un déficit de 50.157 cupos. En cualquiera de los dos escenarios la solución recomendada es construir más cárceles, ninguna otra, aceptando un hacinamiento constante del 10%. Seguramente las prisiones serán llenadas para cumplir con la profecía de los planificadores del encierro. Las demás previsiones de planificación pública y social casi nunca se cumplen, pero las relativas al encierro siempre son superadas. Después de discutir las opciones financieras, en un documento posterior se revisan los costos totales de lo proyectado en el documento 3277 y se decide cambiar la modalidad pasando de la concesión a la celebración de contratos de obras públicas (Conpes, 2006). Para cubrir las necesidades de cupos estimadas se requiere construir once establecimientos nuevos con capacidad para 21.600 personas tal y como se señala en la tabla 2. El costo total derivado de estas construcciones pasa de 1,4 billones —lo proyectado en el 2004— a 972.293 millones de pesos. Así, desde 1998 hasta el 2006 el sistema ha crecido tanto como para alcanzar a 38.063 personas (Inpec, 2006). A pesar de estos esfuerzos para equilibrar la relación entre celdas y personas presas, para marzo del 2010 existía un déficit de 22.000 cupos que daba lugar a un índice de hacinamiento del 41,7% (Ministerio del Interior y de Justicia, 2010). Se espera que este índice sea reducido al 2,7% cuando sea entregada la totalidad de los nuevos centros penitenciarios, sin tener en cuenta que esto resultará a todas luces insuficiente frente a la utilización excesiva de la pena privativa de la libertad.[26] El hacinamiento continúa, la detención preventiva sigue siendo la regla, la diferencia es que hay más prisiones y más personas presas.

TABLA 2.
Expansión del sistema penitenciario colombiano: los establecimientos penitenciarios de "Tercera Generación"

ESTABLECIMIENTO	CAPACIDAD
Medellín	2100
Puerto Triunfo	1200
La Picota	3200
Guaduas	2600
Acacías	800
Yopal	800
Florencia	1400
Jamundí	4000
Cartagena	1600
Cúcuta	1200
Ibagué	2700
Total	21.600

FUENTE: Conpes y Ministerio del Interior y de Justicia (2010).

[26] En efecto, se ha señalado que "la construcción de cárceles no acompañada de una progresiva modificación de la política criminal actual, sólo garantiza la necesidad de construir más cárceles en el futuro. La inviabilidad de esta apuesta en el largo plazo es evidente. Las prisiones que puedan alojar en condiciones dignas a los presos

La segunda transformación importante se presenta en lo que se ha denominado como la "nueva cultura penitenciaria", cuyo plan piloto es la Cárcel de Alta Seguridad de Valledupar, construida también para dar cumplimiento a la sentencia T-153 de 1998. Dentro de lo que ha sido denominado como "sistema penitenciario de tercera generación", y su política para enfrentar el hacinamiento, se afirma que la expansión del sistema se realiza con base en la "Infraestructura programada a partir estudios y diseños apoyados por el Bureau de Prisiones de los Estados Unidos" (Ministerio del Interior y de Justicia, 2010: 9). Además del crecimiento cuantitativo del sistema, se están

TIEMPO DE CONSTRUCCIÓN (MESES)	PRESUPUESTO (EN MILLONES DE PESOS)
24	89.528
18	48.643
24	85.337
18	72.419
18	36.580
18	49.847
18	56.348
24	139.950
24	14.348
18	60.129
24	130.852
	783.991

de hoy, no alcanzarán para alojar a los que el sistema indica que habrá mañana [...] Aún sin desconocer la necesidad de modernizar las prisiones existentes en pos de garantizar condiciones dignas de encierro, debe rechazarse la construcción de nuevas cárceles como única respuesta al hacinamiento y la sobrepoblación" (Ales, Borda y Alderete, 2006: 41).

realizando esfuerzos para mejorar el aparato burocrático interno y ajustar los servicios de la prisión a los estándares internacionales de calidad ISO 9000. La embajadora de Estados Unidos en Colombia en el 2001 describía la importancia del plan piloto puesto en marcha en Valledupar con las siguientes palabras: "Como se ha demostrado en la penitenciaría de Valledupar, la seguridad en las prisiones no tiene mucha relación con el concreto, el hierro y la electrónica. Únicamente el profesionalismo del personal de prisiones asegura el correcto funcionamiento de éstas. Por eso, tres y medio millones de los cuatro coma cinco del Plan Colombia, serán utilizados para mejorar la selección y capacitación del personal de prisiones".[27] El hecho de que sólo hubieran encontrado en la prisión unos "pequeños cuchillos hechos a mano" demuestra, en su opinión, que se está avanzando en la monopolización del uso de la fuerza y la seguridad.

En otro discurso, pronunciado casi un año después sobre el componente social del Plan Colombia, la misma embajadora explicaba los pilares sobre lo que se edifica el plan piloto de Valledupar: "Se consideran fundamentales en la política penitenciaria aspectos como una infraestructura física adecuada, la preparación académica práctica para el preso, asesorada y dirigida por la Oficina de Prisiones de Estados Unidos, un régimen interno que limite al preso y garantice sus derechos".[28] Esta prisión está

[27] Palabras de la embajadora Anne W. Patterson en la firma del acuerdo para un programa para mejorar el Sistema Nacional Penitenciario de Colombia, Bogotá, 9 de julio del 2001.

[28] Discurso de Anne W. Patterson, embajadora de Estados Unidos, ante la LXXIII Conferencia Anual del Club Rotario Internacional, Distrito 4290, Ibagué, 1° de junio del 2002.

siendo presentada como un modelo penitenciario, no sólo de Colombia sino también de América Latina, honor que ha alcanzado gracias al cumplimiento de los estándares de calidad ISO 9000. La importancia que se le ha dado a este proyecto se aprecia en la inusitada rapidez con que fue construida la prisión y en la extensión de su régimen interno a las demás prisiones del país.[29]

El régimen interno de la Cárcel de Valledupar es extremadamente duro. Las visitas se permiten cada dos meses durante una hora (Corte Constitucional, sent. T-269/02), las personas presas deben ser conducidas esposadas y con grilletes cada vez que se mueven dentro de la prisión, permanecen aisladas en sus celdas durante la noche y en el día apenas pueden ver a sus compañeros de cautiverio. Los programas de resocialización brillan por su ausencia y el proceso de monopolización de la fuerza ha supuesto un retorno a los peores años de la brutalidad carcelaria.[30] Al parecer esto es lo que las autoridades penitenciarias entienden por modernización del presidio y el abandono de las condiciones "infrahumanas". Tan sólo hace falta un rápido vistazo a la puesta en marcha del programa para hacerse una idea de su naturaleza. La Misión de las Naciones Unidas observó que en la Cárcel de

[29] El proyecto se inició en 1999 y la prisión fue entregada en agosto del 2000. Otros proyectos como la cárcel de Girardot y la penitenciaria de Apartadó no han sido concluidos a pesar de haberse iniciado en 1993 (Departamento Nacional de Planeación, 2002: 41).

[30] Al respecto puede verse la denuncia de la Defensoría del Pueblo de la muerte de una persona presa como consecuencia de los golpes que le propinó la guardia (Defensoría del Pueblo de la República de Colombia, 2002).

Valledupar se presentan "tratos crueles a los internos como golpizas por parte del personal de guardia", y que esta prisión presenta "servicios básicos inadecuados, incluyendo la contaminación fecal de los alimentos y unos servicios de atención médica insuficientes e inadecuados" (Misión Internacional Derechos Humanos y Situación Carcelaria, 2001: 15). Recientemente la Defensoría del Pueblo recomendó el cierre del Anexo de Mujeres de la Cárcel de Valledupar, "mientras se adecua la infraestructura física, en especial, las celdas, las instalaciones sanitarias, las áreas para la visita íntima y los sitios de recepción" (Defensoría del Pueblo de la República de Colombia, 2005).

En una acción de tutela presentada contra la Cárcel del Circuito de Cartagena San Sebastián de Ternera, otro de los proyectos de esta "nueva cultura", la denunciante alegaba que el método de requisas físicas violaba su derecho a la dignidad personal. La directora del centro de reclusión alegó en su defensa que tan sólo cumplía con las instrucciones contendidas en el "Manual del participante, Módulo: Procedimiento de requisas", elaborado por el Inpec y el Bureau de Prisiones de Estados Unidos de Norte América. Las instrucciones, sin duda, son claras:

> 21. Haga que el interno separe las piernas y que levante el pene y después los testículos.
>
> 22. Si no está circuncidado, haga que hale hacia atrás el prepucio.
>
> 23. En caso de estar haciendo una requisa a una mujer, haga que levante sus senos.

> 24. Haga que se agache en cuclillas, abriendo las piernas, para que abra la parte vaginal y después toser (Corte Constitucional, sent. T-690/2004).

La puesta en marcha de la llamada nueva cultura penitenciaria ha generado una nueva oleada de litigio constitucional. Las personas presas, sus familiares, los defensores de derechos humanos, han acudido de nuevo ante las instancias judiciales para controvertir los principios sobre los que se está construyendo el régimen. La utilización de esposas en el caso de personas enfermas (Corte Constitucional, sent. T-879/2001), el traslado de personas presas encadenadas (Corte Constitucional, sent. T-1308/2001), la contestación del restrictivo régimen de visitas (Corte Constitucional, sents. T-269/2002 y T-399/2002), la protección de los derechos de los menores frente a la prisión (Corte Constitucional, sent. T-1045/2004), la exigencia de contar con oportunidades de rehabilitación (Corte Constitucional, sent. T-1190/2003) y recibir la dotación mínima (Corte Constitucional, sent. T-490/2004), la modificación del sistema de requisas (Corte Constitucional, sent. T-702/2001), las demandas contra los cortes de pelo a cero por motivos de seguridad (Corte Constitucional, sent. T-1030/2003) y, por último, las quejas en contra de la ausencia de energía eléctrica en la recién inaugurada Cárcel de Acacías (Corte Constitucional, sent. T-023/2003), son algunos de los principales casos que en los últimos años se han planteado en contra de la nueva cultura penitenciaria. A pesar de las demandas presentadas, las prácticas discriminatorias campean libremente a lo largo y ancho de las prisiones colombianas, como lo demuestra una reciente Circular del Instituto Nacional de Medicina

Legal en la que establece niveles preferenciales de atención médica según el estatus de la persona presa en cuestión.[31]

Los resultados del litigio en Colombia han sido dispares pero, en todo caso, muestran que los proyectos de reforma estructural ordenados por las instancias judiciales no suponen necesariamente que se respeten los derechos fundamentales de las personas presas, ni que mejore su situación; por el contrario, su resultado más visible es la expansión de un sistema que reproduce sus iniquidades en cada metro cuadrado de espacio libre que coloniza.

ALGUNOS COMENTARIOS SOBRE LAS TRANSFORMACIONES DEL CAMPO PENITENCIARIO

El campo penitenciario, tanto en Colombia como en América Latina en general, está atravesando un proceso de transformación significativo. El sistema penitenciario no es un componente aislado del proceso más general de reforma judicial emprendido en la mayoría de los países latinoamericanos dentro de los programas de ajuste estructural. El fortalecimiento de las instituciones penales, en esta perspectiva, es considerado como un elemento indispensable

[31] Textualmente, se señala lo siguiente: "Se entiende por casos de mayor complejidad aquellos que por la enfermedad del examinado se requiere un par evaluador o que por circunstancias derivadas de la situación judicial del privado de la libertad, como por ejemplo personas recluidas en cárceles de máxima seguridad, casos de connotación e interés público, líderes de grupos armados al margen de la ley, narcotráfico, o funcionarios del estado de alta jerarquía, requieren un especial nivel de atención" (Instituto Nacional de Medicina Legal y Ciencias Forenses, circ. 013-2010-DG).

para garantizar el desarrollo económico (Rodríguez y Uprimny, 2006). De este modo, el proceso de reforma y modernización del sistema judicial persigue, principalmente, la estabilización política y social que garantice el funcionamiento eficiente del mercado (Arenas y Gómez, 2000; Rodríguez, 2000), lo cual ha sido descrito, para el caso colombiano, como una utilización del castigo dentro de una esquema de liberalismo autoritario (Iturralde, 2010). Aquí quisiera concentrarme en dos transformaciones importantes en el campo penitenciario: por un lado, la trayectoria lenta pero segura hacia la adopción de una perspectiva gerencial del sistema penitenciario, ahora dominante a escala global; por otro, y estrechamente relacionado con lo anterior, la incipiente transformación del marco normativo destinado a regular el ejercicio del poder punitivo del Estado.

En cuanto a las transformaciones normativas, el litigio nacional constitucional por la reforma penitenciaria, paradójicamente, puede dar lugar a y legitimar la irrupción de modelos globales de gestión punitiva. En este proceso, el Estado, lenta y silenciosamente, abandona su "derecho duro" para apoyarse en difusos y blandos estándares internacionales y así legitimar su poder punitivo. La utilización de los estándares ISO 9000, las acreditaciones emitidas por la American Correctional Association (ACA) y la adopción del modelo estadounidense de gestión carcelaria como principales marcos normativos de la "nueva cultura penitenciaria", suponen una mutación de las fuentes de legitimación, en la que el derecho estatal, las convenciones internacionales y los estándares internacionales de calidad son reorganizados jerárquicamente. Como se sabe, los estándares ISO 9000 reúnen una serie de normas de calidad que pueden ser aplicadas a cualquier organización, que coordinan las distintas normas nacionales y cuya finalidad es facilitar el comercio y la transferencia de tecnología e información según los dictámenes de la Organización Mundial del Comercio. Los países en vías de desarrollo son un objetivo principal de esta organización, tal y como se declara en el ISO Action Plan For Developing Countries 2005-2010 (International Organization for Standarization [ISO], 2004). Según señala este documento, la adopción de dichos estándares contribuirá significativamente a la participación en el comercio global de los países en vías de desarrollo. En el aspecto que nos atañe, las normas ISO 9000 son presentadas por los operadores penitenciarios locales como marcos deontológicos que legitiman las políticas gubernamentales emprendidas dentro de las prisiones. El principal objetivo, por lo tanto, es que la calidad del servicio penitenciario reduzca las críticas.

Un caso ayudará a esclarecer este punto: en el 2003 la Corte Constitucional colombiana resolvió en una acción de tutela en contra del régimen interno del Complejo Penitenciario y Carcelario de Cómbita, uno de los establecimientos insignias del nuevo régimen penitenciario. El director del penal, en su defensa, sostuvo que, por ejemplo, el uso de esposas y demás medidas de seguridad se encuentra reglamentado en las normas penitenciarias ISO 9001. Igualmente, señaló que las mismas normas establecen que el personal de guardia debe permanecer en estado de alerta en el caso de las visitas de abogados y que, por lo tanto, el régimen interno es legítimo. Como resultado la Corte debe incluir en el proceso de adjudicación constitucional la evaluación de la posición jerárquica de las normas ISO 9000 y 9001 (Corte Constitucional, sent. T-1030/2003). La incorporación de normas blandas en el proceso de adjudicación constitucional es un resultado inevitable. En este sentido, la Corte señaló lo siguiente:

> Más allá de los tratados internacionales, en materia de condiciones de internamiento, en el actual derecho internacional de los derechos humanos se cuenta con algunas e importantes normas de soft law, es decir, disposiciones flexibles, adoptadas en el seno de organizaciones internacionales, a veces por amplias mayorías, que constituyen sobre todo directivas de comportamiento dirigidas a los Estados, más que obligaciones estrictamente de resultado (Corte Constitucional, sent. T-1030/2003).

Mientras las normas que regulan la prisión se ablandan, el castigo y las condiciones de reclusión se endurecen.

La preocupación, por lo tanto, recaerá en una perspectiva gubernamental que busca lograr una gestión eficiente de los centros penitenciarios que garantice su calidad. Desde esta perspectiva, la discusión sobre si la prisión "funciona" pasa a ser una indagación acerca de la utilización que se le puede dar al sistema penitenciario. Dentro de lo que Feeley y Simon denominan como la "nueva penología", el ideal de la rehabilitación del individuo es reemplazado por consideraciones acerca del manejo de grupos sociales considerados como problemáticos: "Su meta no es eliminar el delito, sino hacerlo tolerable a través de una coordinación sistémica" (1999: 38). Se eliminan así las consideraciones sobre la incidencia del entorno social del individuo en la realización de la conducta delictiva y se adopta una retórica de la responsabilidad individual que resulta "apta para desviar la atención de las dimensiones colectivas" (Wacquant, 2002: 61). Si lo que interesa es contener y gestionar, la finalidad de la prisión será entonces la incapacitación del delincuente. De ahora en adelante la preocupación principal será la gestión, el buen gobierno y no la rehabilitación de los prisioneros, mucho menos la recomposición del tejido social. Lo característico de este momento es que ahora el discurso —la incapacitación y el abandono de todo ideal de rehabilitación— tiende a coincidir más plenamente con la práctica —el buen gobierno de las prisiones de alta seguridad—, cerrando las puertas para la crítica a una institución que hoy se revaloriza.[32] La extraordinaria importancia económica y política de la industria de la seguridad y el castigo nos indica que la prisión

[32] Charles Murray, que ha pertenecido a los *think thank* conservadores del Manhattan Institute y del American Enterprise Institute, sostiene que el principio de incapacitación fracasa únicamente porque los ofensores son encarcelados demasiado tarde, porque son liberados demasiado pronto o porque no se encarcelan suficientes personas. Como lo señala Murray, con absoluta franqueza, todo depende de qué es lo que se le pide a la prisión: "Si la pregunta es ¿cómo podemos evitar que convictos conocidos cometan asesinatos, violaciones, asaltos y robos?, la prisión es de lejos la respuesta más efectiva, casi tanto como la pena de muerte" (1999: 244). La prisión sigue cumpliendo un papel determinante para las políticas del neoliberalismo penal. Su defensa es realizada acudiendo a argumentos económicos que aseguran que encarcelar a una persona cuesta menos que los daños generados por su posible conducta criminal (Dilulio y Morrison, 1999). Se asegura que las prisiones pueden funcionar adecuadamente, desde el punto de vista de su gestión, y que "si muchas prisiones han fracasado es porque han sido mal administradas, subadministradas o no administradas en lo absoluto" (Dilulio, 1987: 7). Andrew Coyle del International Centre

no dejará de inquietarnos. Como lo señala Christie, "es difícil imaginarse una situación en la que podamos estar más cerca de tratar seres humanos como mercadería" (1993: 104). En el caso colombiano, por ejemplo, se ha señalado que el sector penitenciario ha funcionado como un "sector industrial anticíclico", pues los proyectos de expansión del sistema han generado 6394 empleos, aportando "recursos al torrente de la economía" calculados en 368.379.856.785 millones de pesos (Ministerio del Interior y de Justicia, 2010).

Existen varias piezas, además de las ya señaladas, que nos anuncian la llegada de este modelo. En un diagnóstico sobre la seguridad ciudadana y la violencia en América Latina durante la década de los noventa, Arriagada y Godoy señalan que el problema ha sido enfrentado "desde una perspectiva convencional, basada en el modelo policía-justicia-prisión, que enfatiza la adopción de políticas de control y represión de la criminalidad y la violencia delictual" (1999: 27). A pesar de ello, unas páginas más adelante, estos autores señalan que la política de "tolerancia cero" es una experiencia que ha producido resultados favorables en la disminución de la criminalidad y que los países de la región deberían tenerla en cuenta. No obstante, la política de "tolerancia cero", "es el complemento policial indispensable del encarcelamiento en masa al que conduce la penalización de la pobreza" (Wacquant, 2002: 48).

for Prison Studies, pone a disposición del público en general un manual para el personal penitenciario en el que demuestra que "existe un conjunto de factores comunes que, en su totalidad, constituyen un modelo para la buena gestión penitenciaria", y que pretende aplicar "en todo sistema penitenciario del mundo" (2002: 9).

Además de lo anterior, ciertos desarrollos recientes nos muestran el decidido giro latinoamericano hacia la penalidad neoliberal. El crecimiento de la seguridad privada en Brasil que, según datos de Macaulay, supone la presencia de 1200 compañías con un valor de U$4,5 billones en el 2000 (2002: 21). En ese mismo país se presentan propuestas para la adopción de las Drug Courts estadounidenses "no âmbito da Justiça da Infância e da Juventude" (Mothé Fernandes, 2006: 5) y se considera la viabilidad de introducir el monitoreo electrónico de personas con base en las experiencia inglesa y sueca (Silva Reis, 2006). Los proyectos tendientes a la construcción de prisiones en Honduras por parte del Noa Group, la apertura de licitaciones internacionales en Perú para la adquisición de equipos electrónicos de seguridad[33] y los estudios sobre la viabilidad de la privatización de las prisiones en Colombia (Rey, 2004), muestran que el campo penitenciario latinoamericano está más que dispuesto a dar la bienvenida a la expansión del nuevo ethos punitivo.

Pero eso no es todo. Los proyectos de modernización de los sistemas penitenciarios locales suponen una ocasión inmejorable para estrechar los lazos entre los Gobiernos a escala global. El Convenio Interinstitucional Programa de Mejoramiento del Sistema Penitenciario Colombiano, celebrado entre la Oficina Federal de Prisiones de Estados Unidos y el Ministerio de Justicia, cuyos objetivos son "identificar, estandarizar, normalizar e implantar las

[33] Licitación Pública Internacional PNUD /LPI-0001 /2006, "Adquisición de Equipos de Seguridad Electrónica", Proyecto 00037874: "Apoyo a la Gestión del INPE", Lima, enero del 2006.

mejores prácticas de administración y operación de centros penitenciarios" (Departamento de Estado de los Estados Unidos de América, Instituto Nacional Penitenciario y Carcelario de Colombia, 2000); el acuerdo de cooperación entre la Comisión Nacional para la Reforma Policial de Venezuela y la Embajada de Inglaterra en el que cuatro especialistas de Gran Bretaña, "ofrecerán sus conocimientos y experiencias a nivel académico, técnico e institucional a sus homólogos venezolanos",[34] y el Fondo Contravalor Perú-Japón, demuestran que estamos muy lejos de haber superado los trasplantes jurídicos y políticos que se basan en una relación asimétrica de dependencia entre los países latinoamericanos y los centros de producción institucional a escala global. Salvatore y Aguirre, en un trabajo sobre el nacimiento del sistema penitenciario en América Latina, comentan que en el siglo XIX la prisión fue presentada por los Gobiernos como "la solución a sus preocupaciones sobre el crimen y el desorden social y como un símbolo definitivo de modernidad y civilización" (1996: x). Hoy, después de centenares de prisiones construidas, de incontables desgracias acumuladas, de tantas personas encerradas, el mismo discurso de modernidad y civilización sigue siendo presentado como el horizonte ineludible de la reforma penitenciaria.

[34] Al respecto ver: http://www.mij.gov.ve.

JUECES, CÁRCELES Y MARGINALIDAD: ¿ES POSIBLE OTRA FORMA DE ADJUDICACIÓN CONSTITUCIONAL EN MATERIA PENITENCIARIA?

> Ha de haber algo putrefacto en la médula misma de un sistema social que aumenta su opulencia sin reducir su miseria, y aumenta en crímenes más aún rápidamente que en números.
>
> "Crimen y pauperismo", en New York Daily Tribune, 16 de septiembre de 1859
>
> Karl Marx

El análisis de la intervención judicial en el mundo penitenciario presenta una complejidad especial: los reclamos de las personas presas, en un contexto institucional cerrado, pueden ser entendidos como reivindicaciones de derechos personales fundamentales o derechos sociales y económicos. La persona presa combina reclamos que incluyen el respeto a sus derechos fundamentales individuales frente a las políticas de Gobierno interno, así como la reivindicación frente al Estado de una mejor calidad de vida dentro del presidio, lo cual plantea el debate sobre el carácter normativo de los derechos económicos y sociales y el papel de los tribunales en la distribución y asignación de recursos escasos.[35] La especial situación en la que se encuentra la persona presa hace que ciertos derechos que, en el mundo libre se entienden como económicos y sociales, en el mundo del encierro sean el presupuesto básico de la relación

[35] Para una discusión teórica de este tema ver Gargarella (2006).

entre el individuo y el Estado, situación que ha sido como "relación especial de sujeción". Al separar a la persona de la sociedad y del mercado, la satisfacción de sus necesidades básicas es asumida por el Estado y sólo por el Estado. Debido a que la persona no puede conseguir a través de su incorporación en el mercado de trabajo ciertos bienes y servicios, es el Estado quien asume la obligación inmediata de alimentarla, vestirla y darle una habitación. Esta es la fundamentación de los derechos "especiales" de las personas presas. Mientras que en el mundo libre, por ejemplo, el derecho a la vivienda no es de aplicación inmediata y se entiende que dependerá de las posibilidades económicas y de las políticas públicas que determinen la mejor manera de distribuir recursos, en el caso de las personas presas el Estado debe proporcionarles inmediatamente una celda donde dormir durante todo el tiempo de la condena. En el primer caso es una meta programática, en tanto que en el segundo es el presupuesto mismo de la relación, el cual se ve perturbado cuando hay más personas presas que camas: el hacinamiento.

Cuando se rompe el equilibrio entre personas presas y recursos penitenciarios, cuando la oferta de celdas y servicios carcelarios no es suficiente para satisfacer la demanda, la maquinaria penitenciaria se atasca y empieza a funcionar mal (si es que alguna vez lo ha hecho bien): donde deberían dormir dos personas duermen cinco, la comida destinada a una se distribuye entre cinco y en los pasillos hay diez personas ociosas esperando uno de los pocos puestos de trabajo o educación para descontar pena. No es mi intención presentar una interpretación sobre las relaciones sociales que se generan en un contexto de escasez de recursos social y económicamente cerrado, pero puedo adelantar que esta situación produce violencia, explotación y enormes desigualdades sociales. Lo anterior es lo que ha sido denominado como condiciones de reclusión infrahumanas.

Las demandas de la persona presa ante los jueces alegando que las condiciones de reclusión constituyen un trato cruel, inhumano y degradante, han sido, por lo general, enmarcadas en la discusión sobre la exigibilidad de los derechos sociales y económicos: si los jueces deben o no ordenar que se destinen recursos para que se restablezca el equilibrio entre oferta y demanda, entre el número de personas presas y la capacidad de respuesta del presidio (Uprimny, 2006). Así, se espera que con una mayor inyección de recursos se logre restablecer el equilibrio perdido y que las espantosas condiciones de reclusión generadas por la escasez de recursos penitenciarios desaparezcan. El problema penitenciario se convierte fundamentalmente en un asunto de recursos económicos. Aunque sin duda esta situación plantea importantes cuestiones de justicia distributiva, esta perspectiva debería aunarse con respuestas que escapen de la problemática planteada por el hacinamiento. La respuesta judicial a las demandas contra las condiciones de reclusión infrahumanas puede construirse desde otro punto de vista, que no se concentre únicamente en los problemas de oferta de celdas y escasez de recursos penitenciarios, sino en imaginar respuestas alternativas que permitan la protección inmediata de la dignidad básica de la persona presa.

Las personas presas y sus condiciones de vida

Como lo intenté mostrar a través del análisis del caso colombiano, uno de los principales problemas que presenta una respuesta judicial a las condiciones de vida infrahumanas de las personas presas basada, primordialmente, en la asignación de mayores recursos para la adecuación de las instalaciones es que la reforma, así concebida, por lo general sólo lleva a la expansión del sistema, legitimando el estado de cosas existente.[36] De esta forma se elude la importante discusión acerca de la imposición de un castigo —que además se reconoce que viola derechos—, a personas que han sufrido una situación de exclusión sistemática y, así, "[e]n estos casos, podemos asumir razonablemente, existe un riesgo serio de que los medios coercitivos del Estado sean manipulados para proteger un orden social injusto" (Gargarella, 2008: 78).

Existe otro problema adicional que la perspectiva basada en la asignación de mayores recursos debería enfrentar. En un contexto de pobreza extrema, el discurso en que se apoya el castigo no puede aceptar que las personas presas vivan mejor que las personas libres desempleadas y pobres. La garantía efectiva de los derechos sociales y económicos de las personas

[36] La experiencia comparada, nuevamente, muestra que la intervención judicial concentrada en el hacinamiento genera la construcción de más cárceles. Storey (1990) celebra que la intervención judicial en el sistema penitenciario de Nueva York ha "funcionado" al permitir la construcción de Rikers Island, penal que con capacidad para quince mil personas que es considerado uno de los más grandes del mundo. Según cálculos de Jacobs (1995: 73), desde 1985 el Estado de Texas ha hecho apropiaciones bienales por más de US$1 billón para la renovación y construcción de prisiones como resultado de una sentencia judicial.

presas haría que éstas "disfrutaran" de mejores condiciones de vida en la prisión —a pesar de haber actuado en contra de la ley— que aquellas personas que viviendo fuera de los muros se encuentran por debajo del umbral de la pobreza: sin techo, sin cama, sin salud, sin comida. Sin una garantía de los bienes básicos para la población libre, la reforma penitenciaria difícilmente logrará que las personas presas vivan dignamente y tenderá a reproducir su exclusión y marginalidad.[37] Los efectos sociales y simbólicos que se desprenderían de hacer de la prisión un lugar soportable, con una mejor calidad de vida de la que disfrutaría una persona pobre en su vida libre, darían al traste con el principio de prevención general, el cual sigue siendo defendido por la doctrina penal clásica como una de las principales funciones de la pena. En este sentido, la prisión disciplina a los

[37] Los análisis clásicos de Rusche y Kirchheimer (1984) muestran que la prisión se apoya en el principio de *menor elegibilidad*, es decir, en el hecho de que las condiciones de vida de las personas presas no pueden ser superiores a las de los miembros más pobres del proletariado. Igualmente, ver el análisis de Melossi y Pavarini (1985), en torno a la persona presa como la encarnación del "sujeto puro de necesidad". Por ello, la relación entre las condiciones de vida dentro y fuera de la prisión para una persona pobre tenderá, en todo caso, a la semejanza o a la simbiosis. En cada espacio se reproducirán las relaciones sociales y de poder, los símbolos culturales y, en general, el modo de vida característico de cada clase social y así las poblaciones desposeídas pasarán cotidianamente de la segregación urbana y social marcada por la fabela o el barrio de invasión, a la segregación punitiva de la prisión. Wacquant (2001) se refiere a esta circunstancia como "simbiosis mortífera", un momento específico en el que las características sociales y culturales de diferentes instituciones de segregación se hacen indiferenciables. Para un análisis etnográfico de siete prisiones colombianas ver Cijus (2000) y Ariza (2011). Carrillo hace evidente esta situación cuando en su etnografía de la prisión colombiana La Modelo señala lo siguiente: "Estos patios se asemejan a barrios como Las Cruces o a cualquiera de los barrios de Ciudad Bolívar" (2001: 153).

sujetos como pobres, les hace aceptable dormir en una celda con seis personas más, aprenden a tener hambre y sufrir enfermedades y de este modo acostumbra a las personas a vivir en la miseria dentro de los muros, casi en las mismas condiciones en que lo hacen en las calles de cualquier gran ciudad latinoamericana.[38] Por ello, aunque suene a obviedad, la mejora de las condiciones de vida dentro de las prisiones debería hacerse en un contexto de reducción de la marginalidad y la pobreza en la sociedad libre.

Otro problema significativo es que resulta muy difícil constatar si la intervención judicial conduce efectivamente a una mejora de las condiciones de reclusión y al respeto de los derechos fundamentales. En el contexto colombiano, se señala que en el caso de la intervención judicial en prisiones "no es posible negar que en aquellos casos en que han intervenido han logrado una mejoría en la situación de los reclusos que, muy probablemente, no se hubiera logrado sin su participación" (Jaramillo, Uprimny y Guarnizo, 2005: 153). Creo que sí es posible negarlo. Resulta difícil saber si esta afirmación refleja una situación de hecho que pueda ser verificada o más bien un voto de confianza en la actuación de la Corte. ¿En qué

[38] En este sentido es significativo el caso resuelto en la sentencia T-851 de 2004. En ella, el defensor del pueblo interpuso una acción de tutela para obtener que las personas recluidas en la Cárcel Municipal de Mitú tuvieran agua potable, contaran con ducha y recibieran atención médica. El alcalde, en su declaración ante el juez de instancia, señaló que las condiciones de vida de las personas presas no eran distintas a las de los demás habitantes de la ciudad: "El agua que consumen los internos, es el que utilizamos la mayoría de los habitantes de Mitú. Es posible que el defensor no tenga ese inconveniente. No hay personas mejor atendidas que los internos de Mitú, en razón a que cada vez que desean visitar al médico son llevados al Hospital San Antonio".

aspectos ha mejorado la vida en prisión? Si nos atenemos a los informes y reportes sobre las condiciones actuales y la forma en que sigue funcionando la prisión, parece que muy pocas cosas han cambiado.[39] De hecho, recientemente se ha puesto en evidencia que "[...] la situación que vive este grupo poblacional en Colombia viola los artículos 10, 3, 6, 7, 9 y 14 del Pacto Internacional de Derechos Civiles y Políticos" (Grupo de Derecho de Interés Público y Carlos Costa Immigration and Human Rights Clinic, 2010: 7).

En este sentido, la crítica que se plantea aquí no es contra la intervención judicial en sí misma; es indiscutible que es mejor intervenir y controlar una institución como la prisión que no hacerlo en lo absoluto.[40] Mientras que sin duda puede considerarse progresista que la Corte proteja a las personas presas frente a abusos de poder por parte del personal

[39] En este sentido, la propia Corte Constitucional, en ocasiones, ha reconocido que a pesar de su intervención la situación no ha mejorado significativamente. Ver, igualmente, la sentencia T- 1134 del 2004.

[40] Un argumento en contra de la reforma estructural como respuesta única al problema penitenciario no implica oponerse a cualquier forma de intervención judicial. La intervención judicial en el mundo carcelario tiene un significativo valor simbólico (Rivera, 1997; Fitzgerald, 1985; Richardson, 1985; Ingraham y Wellford, 1987; Feeley y Hansen, 1990). El problema es la forma como se interviene y para qué se interviene. El argumento que se desarrolla aquí es en contra la intervención exclusivamente como asignación de recursos, lo cual genera la construcción de más prisiones. La prisión tiene un carácter expansionista, "el sistema carcelario como institución social nunca está satisfecho –es como un animal cuyo apetito aumenta al alimentarse–" (Mathiesen, 1997: 212). Para una crítica de la construcción de prisiones en países "en vías de desarrollo" ver el trabajo de Stein (1999). Un argumento en contra de la prisión como institución se encuentra en Mathiesen (2000), Hulsman y Bernat de Celis (1984) y Pavarini (1992*a* y *b*).

administrativo penitenciario, resulta mucho más complicado decir que su actuación ha mejorado la situación de los reclusos cuando respalda la expansión del sistema sin resolver la situación concreta de la persona que sufre —y seguirá sufriendo— la violación cotidiana de sus derechos. La Corte Constitiucional colombiana, en este sentido, no ha resuelto la contradicción señalada por el Tribunal de Justiça del Estado do Estado Río Grande do Sul: "É momento (tardio, talvez) de dar um basta. Ou seja, de se cumprir integralmente a legalidade (não apenas naquilo que prejudica o cidadão). Não se trata de se pregar anomia, mas sim de cumprir com a lei" (Tribunal de Justiça del Estado do Estado Rio Grande do Sul, abr. 15/2009). En lugar de perpetuar dicho estado de cosas, los jueces deberían empezar a intervenir desde otra perspectiva "impulsando, desde su particular —y no tan modesto— lugar, medidas de integración", como aquellas defendidas por la justicia restaurativa (Gargarella, 2008: 39). De otra forma, los jueces tenderán a producir un fortalecimiento del estado de cosas existente (Sajó, 2008). Mientras se construye otra cárcel (moderna, eficiente y respetuosa de los derechos) a la cual ha de ser trasladada, la persona presa deberá seguir soportando la sobrepoblación, la violencia, el hambre y la enfermedad durante años. Personalmente no veo en qué sentido ha mejorado su situación en este contexto. Por ello, creo que es imprescindible empezar a imaginar otras formas de intervención basadas en el respeto efectivo de la dignidad de la persona presa. Es hora, pues, de que los tribunales entonen el "'mea culpa' por ter sido conivente com o sistema prisional" (Tribunal de

Justiça del Estado do Estado Rio Grande do Sul, abr. 15/2009).

Otra forma de intervención

La situación de violación de derechos humanos en la que se encuentran actualmente las personas presas no se solucionaría exclusivamente si se resuelve el problema de escasez de recursos, aunque el remedio para parte de los daños pueda suponer una inversión material relativamente razonable y moderada. ¿Qué pasaría si pensáramos el caso de la sobrepoblación y sus males desde el punto de vista del respeto al principio de presunción de inocencia y la legalidad de la pena? ¿Qué pasaría si consideráramos que la utilización sistemática y desproporcionada de la detención preventiva representa una pena anticipada? ¿Qué pasaría si enmarcáramos el caso en la protección de la persona frente a la imposición de tratos crueles, inhumanos y degradantes? En cualquiera de estas dos alternativas, parece que la discusión sobre los recursos y su distribución no ocuparía el papel central, ni que la respuesta más apropiada sea ordenar la elaboración de planes para "mejorar", "adecuar" o "ajustar" el sistema penitenciario concediendo plazos que varían entre los meses y los años, lo cual, por lo general, acarrea la construcción de más prisiones. A continuación presentaré algunos esbozos de lo que podrían ser estas respuestas judiciales alternativas a las demandas en contra de las condiciones de reclusión inhumanas.

Existe un relativo consenso en que uno de los principales factores que inciden en la sobrepoblación penitenciaria, y en todos sus males derivados, es el abuso en la utilización de la detención preventiva. Cerca de la mitad de las personas que se encuentran detenidas en las prisiones latinoamericanas están a la espera de juicio y, por ello, siguen siendo jurídicamente inocentes. En el caso colombiano, por ejemplo, 12.729 personas presas, es decir, el 53% de la población sindicada ha pasado más de seis meses aguardando la sentencia judicial que decida su responsabilidad penal. El 31% de los sindicados han pasado más de un año en esta misma situación (Grupo de Derecho de Interés Público y Carlos Costa Immigration and Human Rights Clinic, 2010: 46-47). En Argentina, igualmente, el 63% de las personas privadas de la libertad lo están en calidad de procesados (CELS, 2008: 154).

La detención preventiva se ha convertido en la regla y ha pasado a funcionar como una pena anticipada, pues materialmente —y desafortunadamente— no se presenta ninguna diferencia en las condiciones de reclusión entre sindicados y condenados. Si se considera que esta utilización sistemática y abusiva de una institución jurídica, que además la desnaturaliza, produce la violación generalizada de derechos, la mirada de los jueces debería dirigirse a evaluar la constitucionalidad de la práctica. Debe tenerse en cuenta, por ejemplo, que el Comité de Derechos Humanos de las Naciones Unidas ha considerado que más de seis meses a la espera de sentencia constituye un término excesivo e injustificado de privación preventiva de la libertad.[41] Los remedios que se podrían

[41] En este sentido, ver las observaciones del Comité de Derechos Humanos (CDH) de las Naciones Unidas en los siguientes casos: ICCPR, Ukraine A/57/40 vol. I 32 at para. 74(17) (2002); Italy, ICCPR, A/53/40 vol. I 50 at paras. 342, 343 and 345 (1998). Igualmente, el CDH ha considerado que los Estados parte no deberían emplear

derivar luego de dicha evaluación son diversos, pero conducirían a la prevalencia del principio de legalidad de la pena, al respeto a la presunción de inocencia y a la suspensión de una detención que se reconoce inconstitucional. De otra forma, el mensaje que se envía es que es legítimo utilizar de manera sistemática la detención preventiva y la imposición consecuente de penas anticipadas en condiciones indignas y que lo malo es que no hay suficiente espacio para encerrar a todas esas personas que, al fin y al cabo, algo malo habrán hecho.

También considero que una aproximación al caso desde la prohibición de imponer penas crueles, inhumanas y degradantes permitiría proporcionar un remedio a la situación que haría injustificable la prolongación en el tiempo del daño, es decir, que la persona siga soportando tales tratos mientras se elimina el instrumento o las condiciones que le infringen un perjuicio grave, sistemático y probablemente irremediable.[42] En este caso la solución tiene que ser inmediata.[43] Se ha demostrado que

la prisión preventiva como regla general. Al respecto ver: ICCPR, Ukraine A/57/40 vol. I 32 at para. 74(17) (2002); Italy, ICCPR, A/53/40 vol. I 50 at paras. 342, 343 and 345 (1998).

[42] Esto no es una novedad, pues ya se encuentra señalado por la Comisión Interamericana de Derechos Humanos en los siguientes términos: "La ocupación de establecimiento por encima del número de plazas establecido será prohibida por la ley. Cuando de ello se siga la vulneración de derechos humanos, ésta deberá ser considerada una pena o trato cruel, inhumano o degradante. La ley deberá establecer los mecanismos para remediar de manera inmediata cualquier situación de alojamiento por encima del número de plazas establecido. Los jueces competentes deberán adoptar remedios adecuados en ausencia de una regulación legal efectiva" (CIDH, res. 1/08: 10).

[43] Sin embargo, es necesario anotar que la interpretación del caso con base en la prohibición de la imposición de penas y tratos crueles,

las actuales condiciones de reclusión en Colombia violan el Artículo Siete del Pacto Internacional de Derechos Civiles y Políticos (PIDCP) que garantiza a los individuos que no serán sometidos a tratos crueles, inhumanos y degradantes: "El trato que reciben los internos de las cárceles colombianas, bajo las condiciones que se han probado, les genera un sufrimiento físico y mental intenso y severo que resulta violatorio de la dignidad humana y de derechos como la vida, la salud y la integridad física y psicológica" (Grupo de Derecho de Interés Público y Carlos Costa Immigration and Human Rights Clinic, 2010: 44). Creo que la opción frente a los males de la sobrepoblación penitenciaria debería ser la excarcelación individual de personas que hayan pasado un tiempo desproporcionado en prisión como sindicados, junto con la creación de estándares estrictos que limiten la utilización sistemática de la detención preventiva como principal y casi única medida de aseguramiento.[44] La liberación de personas reduciría la población

---

inhumanos y degradantes, no supone la adopción de un remedio específico basado en los derechos individuales de la persona presa. La Corte Suprema de Justicia de Estados Unidos, por ejemplo, ha abordado este tipo de litigio con base en la *Octava Enmienda*, ordenando, por lo general, reformas estructurales, lo cual muestra que el problema va más allá de una cuestión de interpretación constitucional (Feeley y Rubin, 1998: 13-14).

[44] Una medida que ha sido recomendada en los siguientes términos: "Se deberá asegurar por la ley que en los procedimientos judiciales o administrativos se garantice la libertad personal como regla general, y se aplique como excepción la privación preventiva de la libertad, conforme se establece en los instrumentos internacionales sobre derechos humanos. En el marco de un proceso penal, deberán existir elementos de prueba suficientes que vinculen al imputado con el hecho investigado, a fin de justificar una orden de privación de libertad preventiva. Ello configura una exigencia o condición *sine qua non* a la hora de imponer cualquier medida cautelar; no obstante, transcurrido cierto lapso, ello ya no es suficiente" (CIDH, res. 1/08: 3).

penitenciaria y permitiría que, sin destinar grandes y nuevas partidas, los escasos recursos fuesen distribuidos de manera más eficiente.[45] La reducción del hacinamiento mejoraría las condiciones de reclusión, por lo menos si seguimos el razonamiento dominante empleado en las instancias judiciales. En lugar de aumentar la oferta de cupos, se reduciría la demanda y, para empezar, "solamente debería encerrarse el número de personas para las que exista capacidad instalada, y ni una persona más" (Carranza, 2001: 36). El horizonte general de la intervención judicial debería orientarse a la disminución de la segregación punitiva y, por ello, resulta apremiante que se ordene incorporar y aplicar medidas alternativas, muchas de las cuales ya están incluidas en las Reglas mínimas de las Naciones Unidas sobre las medidas no privativas de la libertad.[46]

La principal objeción contra esta propuesta se basa en el respeto de la separación de poderes y la división de trabajo entre los distintos órganos y ramas del poder público. Se nos dice que los jueces simplemente

[45] Esta propuesta, afortunadamente, no tiene nada de original, pues ya se ha planteado anteriormente la necesidad de "[...] declarar efectivamente la inconstitucionalidad de los límites fijados a la libertad durante el proceso, ello implicaría una reducción importantísima de la población carcelaria y, consecuentemente, impediría su hacinamiento en condiciones infrahumanas" (Ales, Borda y Alderete, 2006: 42).

[46] Las posibilidades se encuentran abiertas, pues "[...] existen en el ámbito internacional algunos ejemplos interesantes de normas tendientes a superar el problema de la sobrepoblación. Por ejemplo, el artículo 85 de la Ley de Ejecución Penal de Brasil dispone la obligación de la administración de fijar límites máximos de capacidad de los establecimientos, y el artículo 66 faculta a los jueces de ejecución a clausurar parte o todo un establecimiento cuando funcione sin cumplir con las condiciones marcadas por la ley" (Ales, Borda y Alderete, 2006: 39).

no pueden hacer eso, que no tienen competencia. Así, en el caso colombiano, se asegura que la Corte Constitucional no puede ordenar la liberación de sindicados o personas bajo detención preventiva dentro de un estado de cosas inconstitucional, en el cual se reconoce que las condiciones de reclusión violan derechos fundamentales, porque "ello implicaría una injerencia excesiva en ámbitos que han sido reservados al legislador" pues no le compete definir la política carcelaria (Jaramillo, Uprimny y Guarnizo, 2005: 154).[47] Sin embargo, se admite que la Corte puede ordenar la reforma completa del sistema penitenciario para atacar el hacinamiento, señalar los aspectos en los cuales deben invertirse los recursos públicos y ordenar, en últimas, la construcción de más cárceles. ¿No forma parte esto de la definición de la política criminal/carcelaria de un Estado? Parece que la cuestión yace más en la evaluación de las posibles consecuencias derivadas del tipo de intervención y no tanto en la definición del ámbito o forma como debe intervenirse. Creo que la evaluación y posterior adopción de decisiones concretas sobre el papel que desempeñan ciertas instituciones jurídicas en la creación, mantenimiento y reproducción de un estado sistemático de violación de derechos fundamentales, es algo más cercano a la competencia de los jueces que sus interpretaciones sobre la mejor manera de distribuir recursos públicos en el ámbito carcelario. Es indispensable imaginar

[47] Compárese esta aproximación con la adoptada por la ya citada sentencia del Tribunal de Justiça del Estado do Estado Rio Grande do Sul en el caso de Rafael Santos do Jesus, en la cual se señala claramente que "em estando o réu preso em estabelecimento incompatível/inadequado, deverá ser imediatamente posto em liberdade".

nuevas formas de intervención, nuevas respuestas judiciales a las demandas sociales contra la segregación punitiva y las condiciones inhumanas de reclusión que permitan sortear los muros que delimitan nuestra forma de entender el castigo penitenciario.

BIBLIOGRAFÍA

- Adler, M. y Longhurst, B. (1994), Discourse, power and justice: Towards a new sociology of imprisonment, Londres, Routledge.
- Aguirre, C. y Salvatore, R. (2001), "Writing the Story of Law, Crime and Punishment in Latin America", en Aguirre, C.; Salvatore, R. y G. Joseph (eds.), Crime and Punishment in Latin America, Durham, Duke University Press, pp. 2-32.
- Ales, C.; Borda, R. y Alderete, R. (2005), "Sobrepoblación y violencia carcelaria en Argentina. Diagnóstico de experiencias y posibles líneas de acción", en Colapso del Sistema Penitenciario, Centro de Estudios Legales y Sociales (CELS), Buenos Aires, Siglo XXI Editores, pp. 15- 57.
- Amnistía Internacional (1994, 11 de enero), "Venezuela. AU 04/94" [en línea], disponible en: http://www.amnesty.org/es/library/info/AMR53/001/1994/es, recuperado: 13 de septiembre del 2010.
- — (2006), "Informe Carandiru, 13 años de impunidad. AI: AMR 19/005/2006" [en línea], disponible en: http://web.amnesty.org/library/Index/ESLAMR190052006 recuperado: 13 de septiembre del 2010.
- Arenas, L. y Gómez, G. (2000), "En busca de justicia en tiempos de las reformas judiciales: estudios de caso en Perú, Colombia y Venezuela", en El Otro Derecho, núm. 25, pp. 180-228.
- Arias, J. (2010, 18 de abril), "El Supremo de Brasil califica la situación de las cárceles como 'crimen de Estado contra el pueblo'", en Diario El País, disponible en: http://www.elpais.com/articulo/internacional/Supremo/

Brasil/califica/situacion/carceles/crimen/Estado/pueblo/elpepuint/20100418elpepuint_11/Tes, recuperado: 18 de abril del 2010.

- Ariza, L. J. (2000), "La realidad contra el texto: Una aproximación al estado de cosas inconstitucional", en Revista Mensual Tutela, vol. 1, núm. 4, pp. 967-978.
- — (2005), "La prisión ideal: Intervención judicial y reforma del sistema penitenciario en Colombia", en Bonilla, D. e Iturralde, M. (eds), Hacia un Nuevo Derecho Constitucional, Bogotá, Universidad de los Andes, pp. 283-328.
- — (2010), "Dadi senza numeri. Una visita al carcere Modelo", en Etnografia e Ricerca Qualitativa, núm. 2, pp. 275-287.
- Arriagada, I. y Godoy, L. (1999), Seguridad Ciudadana y violencia en América Latina: diagnóstico y políticas en los años noventa, Chile, Cepal-Eclac.
- Azaola, E. y Bergman, M. (2003), "El Sistema Penitenciario Mexicano", en Project On Reforming the Administration of Justice in Mexico, Center for U.S. Mexican Studies-CIDE, Universidad de California, USMEX 2003-4, Working Papers Series, pp. 1-23.
- Bradley, R. (1990), "Judicial Appointment and Judicial Intervention: The Issuance of Structural Reform Decrees in Correctional Litigation", en John DiIulio (ed.), Courts, Corrections and the Constitution: The Impact of Judicial Intervention on Prison and Jails, Nueva York, Oxford University Press, pp. 249-267.
- Carranza, E. (2001), "Sobrepoblación penitenciaria en América Latina y el Caribe: Situación y respuestas posibles", en Carranza, E. (coord.), Justicia Penal y Sobrepoblación Penitenciaria. Respuestas posibles, México, Siglo XXI Editores, pp. 11-47.
- Carranza, E. et ál. (1988), El preso sin condena en América Látina y el Caribe, San José, Ilanud.
- Carrillo Leal, W. (2001), "From my Prison Cell. Time and Space in Prison in Colombia, an ethnographic approach", en Latin American perspectives, issue 116, vol. 28 No. 1, 149-164.

- Centro de Estudios Legales y Sociales (CELS) (2008), "Derechos Humanos en Argentina, Informe 2008", Buenos Aires, Siglo XXI Editores, p. 165.
- Centro de Investigaciones Sociojuridicas (Cijus) (2000), Análisis de la situación carcelaria en Colombia: un enfoque cualitativo, Bogotá, Colciencias y Ediciones Uniandes.
- Christie, N. (1993), La Industria del Control del Delito ¿La nueva forma del holocausto?, Buenos Aires, Editorial del Puerto.
- — (1997), "La Aldea Global", en Delito y Sociedad, vol. 6, núms. 9-10, pp. 105-111.
- Comisión Interamericana de Derechos Humanos (CIDH) (1995), Sentencia del 19 de enero de 1995 Neira Alegría y otros.
- — (2000), Informe n.º 34/00, Caso 11.291 Carandirú-Brasil, 13 de abril del 2000.
- — (2005), Resolución del 21 de septiembre del 2005, medidas provisionales respecto de la República Federativa del Brasil, Caso de la Cárcel de Urso Branco.
- — (2006), Resolución del presidente de 28 de julio del 2006. Solicitud de Medidas. Caso de las personas privadas de libertad en la penitenciaría Dr. Sebastião Martins Silveira en Araraquara, São Paulo.
- — (2008), Resolución 1ª del 2008, "Principios y buenas prácticas sobre la protección de las personas privadas de libertad en las Américas" [en líena], disponible en: http://www.cidh.org/pdf%20files/RESOLUCION%201-08%20ESP%20FINAL.pdf
- Corte Interamericana de Derechos Humanos (CIDDHH) (2004), Sentencia del 25 de noviembre del 2004, Lori Berenson Mejía vs. Perú, párrafos 98 a 109.
- — (2004), Sentencia del 2 de septiembre del 2004, Instituto de Reeducación del Menor vs. Paraguay.
- — (2004), Sentencia del 7 de septiembre del 2004, Tibi vs. Ecuador.

- — (2005), Sentencia del 15 de septiembre del 2005, Raxcáco Reyes vs. Guatemala.
- — (2005), Sentencia del 25 de noviembre del 2005, García Asto y Ramírez Rojas vs. Perú.
- — (2006), Sentencia 1º de enero del 2006, caso López-Álvarez vs. Honduras.
- — (2006), Sentencia del 5 de julio del 2006, Caso Montero Aranguren y otros (Retén de Catia) vs. La República Bolivariana de Venezuela.
- Cordova, T. (1989), "Cárcel y Derechos Humanos", en Capítulo Criminológico, núm. 17, pp. 73-102.
- Corte Constitucional de la República de Colombia (1992), Sentencia C-566 de 1992.
- — (1993), Sentencia T-598 de 1993.
- — (1994), Sentencia T-193 de 1994.
- — (1994), Sentencia T-235 de 1994.
- — (1994), Sentencia C-300 de 1994.
- — (1994), Sentencia T-420 de 1994.
- — (1994), Sentencia T-501 de 1994.
- — (1995), Sentencia T-121 de 1995.
- — (1996), Sentencia T-066 de 1996.
- — (1998), Sentencia T-153 de 1998.
- — (2000), Sentencia T-256 del 2000.
- — (2000), Sentencia T-611 del 2000.
- — (2001), Sentencia T-702 del 2001.
- — (2001), Sentencia T-879 del 2001.
- — (2001), Sentencia T-1308 del 2001.
- — (2002), Sentencia T-269 del 2002.
- — (2002), Sentencia T-399 del 2002.
- — (2003), Sentencia T-023 del 2003.
- — (2003), Sentencia T-1030 del 2003.

- — (2003), Sentencia T-1190 del 2003.
- — (2004), Sentencia T-490 del 2004.
- — (2004), Sentencia T-639 del 2004.
- — (2004), Sentencia T-690 del 2004.
- — (2004), Sentencia T-1045 del 2004.
- Corte Suprema de Justicia de Costa Rica (1996), Expediente 5043-A-96 n.º 5091-96, 27 de setiembre.
- — (1996), Expediente 1564-P-96, voto n.º 4576-96, recurso hábeas corpus, 5043-A-96.
- — (1996), Expediente 6498-E-95 n.º 1032-96, 1º de marzo.
- — (1998), Expediente 97-007267-0007-co, resolución 1998-01801, 3 de marzo.
- — (2000), Sentencia 07484, expediente 00-003509-0007-co.
- Corte Suprema de Justicia de Honduras, Sala Constitucional, mar. 7/2009, SJCSJ-RH0159.
- Corte Suprema de Justicia de la Nación (2004), R. 230, xxxv, recurso de hecho, Hugo Alberto Romero Cacharane, ejecución penal, Buenos Aires, 9 de marzo del 2004.
- — (2005), V. 856. xxxviii, recurso de hecho. Verbitsky, Horacio s/hábeas corpus, Buenos Aires, 3 de mayo del 2005.
- Coyle, A. (2002), La Administración penitenciaria en el contexto de los derechos humanos. Manual para el personal penitenciario, Londres, King´s College London, International Centre for Prison Studies.
- Dammert, L. (2006), El sistema penitenciario en Chile: Desafíos para el nuevo modelo público-privado, Chile, Flacso. Ponencia presentada en Meeting of the Latin American Studies Association, San Juan, Puerto Rico, 15 al 18 de marzo.
- Defensoría del Pueblo de Argentina (2006), "Informe: Las cárceles en Argentina", Buenos Aires, Defensor del Pueblo.
- Defensoría del Pueblo de la República Bolivariana de Venezuela (2004), "Anuario 2004", [en línea], disponible en: http://www.defensoria.gov.ve.

- Defensoría del Pueblo de la República de Colombia (2002), Resolución Defensorial n.º 21, "Muerte de un Recluso en la Penitenciaria de Valledupar", Bogotá, 12 del abril de 2002.
- — (2005), Resolución Defensorial n.º 40, Bogotá, 3 de junio del 2005.
- Delgado, F. (1994), "Crónica penitenciaria: El Caso Sabaneta", en Capítulo Criminológico, núm. 22, pp. 81-105.
- Departamento de Estado de los Estados Unidos de América, Instituto Nacional Penitenciario y Carcelario de Colombia (2000, 31 de marzo), "Programa de Mejoramiento del Sistema Penitenciario Colombiano. Convenio Interinstitucional" [en línea], Bogotá, disponible en: http://usembassy.state.gov/bogota/wwwsc000.shtml, recuperado: marzo del 2002.
- Departamento Nacional de Planeación (2002), "Elementos para el análisis de determinantes estructurales de la realidad penitenciaria y carcelaria", Bogotá, mayo del 2002.
- Departamento Penitenciário Nacional del Ministerio de Justicia (2006), "Sistema Penitenciário No Brasil. Dados Consolidados 2006", Brasilia, Departamento Penitenciário Nacional.
- DiIulio, J. (1987), Governing Prisons: A Comparative Study of Correctional Management, Nueva York, The Free Press-Collier Macmillan.
- DiIulio, J. y Morrison, A. (1999), "Does prison pay?", en Matthews, R. (ed.), Imprisonment, Aldershot, Ashgate, pp. 219-224.
- Dirección Nacional de Política Criminal (2004), "Sistema Nacional de Estadísticas sobre Ejecución de la Pena 2004", Buenos Aires, Servicio Penitenciario Federal.
- Consejo Nacional de Planeación Económica y Social (Conpes) (2004), Documento Conpes 3277, "Estrategia para la expansión de la oferta nacional de cupos penitenciarios y carcelarios", Bogotá, 15 de marzo del 2004.
- — (2006), Documento Conpes 3412, "Estrategia para la expansión de la oferta nacional de cupos penitenciarios

y carcelarios-seguimiento del Conpes 3277", Bogotá, 6 de marzo del 2006.

- Feeley, M. y Hansen, R. (1990), "The impact of judicial intervention on prisons and jails: A framework for analysis and a review of the literature", en DiIulio, J. (ed.), Courts, Corrections and the Constitution: The Impact of Judicial Intervention on Prison and Jails, Nueva York, Oxford University Press, pp. 12-46.
- Feeley, M. y Rubin, E. (1998), Judicial Policymaking and the Modern State: How Courts Reformed America´s Prisons, Cambridge, Cambridge University Press.
- Feeley, M. y Simon, J. (1999), "La nueva penología: Notas acerca de las estrategias emergentes en el sistema penal y sus implicaciones", en Delito y Sociedad, núms. 6-7, pp. 33-58.
- Fitzgerald, E. (1985), "Prison discipline and the courts", en Maguire, M.; Vagg, J. y Morgan, R. (eds.), Accountability and prisons: opening up a closed world, Nueva York, Tavistock Publications, pp. 29-45.
- Foucault, M. (1989), Vigilar y Castigar. El nacimiento de la prisión, Bogotá, Siglo XXI Editores.
- Gargarella, R. (2006), "Theories of Democracy, the Judiciary and Social Rights", en Gargarella, R.; Domingo, P. y Roux, T. (eds.), Courts and Social Transformation in New Democracies: An institutional voice for the poor?, Aldershot, Ashgate, pp. 13-34.
- — (2008), De la injusticia penal a la justicia social, Bogotá, Universidad de los Andes-Siglo del Hombre Editores.
- Garland, D. (1990), "Frameworks of Inquiry in the Sociology of Punishment", en British Journal of Sociology, núm. 41, pp. 1-15.
- Glazer, N. (1979), "The Judiciary and Social Policy", en Theberge, L. (ed.), The Judiciary in a Democratic Society, Lexington, Lexington Books, pp. 34-57.
- Gloppen, S. (2006), "Courts and Social Transformation: An Analytical Framework", en Gargarella, R.; Domingo, P. y Roux, T. (eds.), Courts and Social Transformation in New

Democracies: An institutional voice for the poor?, Aldershot. Ashgate, pp. 35-59.

- Gobierno de Chile, Ministerio de Justicia (2008), "Ministerio de Justicia proyecta 10 nuevas cárceles al 2013", Comunicado de Prensa, Santiago, 3 de octubre del 2008.
- Grupo de Derecho de Interés Público y Carlos Costa Immigration and Human Rights Clinic (2010), Situación carcelaria en Colombia. Informe presentado al CIDH de las Naciones Unidas, Bogotá, GDIP.
- Hulsman, L. y Bernat de Celis, J. (1984), Sistema Penal y Seguridad Ciudadana: Hacia una Alternativa, Barcelona, Ariel.
- Human Rights Watch (1998), "Castigados sin condena: Condiciones en las prisiones de Venezuela" [en línea], disponible en: http://www.hrw.org/spanish/informes/1998/venpris8.html, recuperado: 1° de octubre del 2008.
- Ingraham, B. y Wellford, C. (1987), "The Totality of Conditions test in Eighth-Amendment Litigation", en Gottfredson, S. y Mcconville, S. (eds.), America's Correctional Crisis: Prison Populations and Public Policy, Nueva York, Greenwood Press, pp. 14-36.
- Instituto Nacional de Medicina Legal y Ciencias Forenses, Dirección General (2010, 18 de mayo), Circular n.º 013-2010-DG., Bogotá.
- Instituto Nacional Penitenciario y Carcelario (Inpec) (1999), "Estadísticas penitenciarias 1999".
- — (2006), "Estadísticas penitenciarias 2006".
- International Organization for Standarization (ISO) (2004), "ISO Action Plan for Developing Countries" [en línea], Ginebra, ISO, disponible en: http://www.iso.org/iso/prods-services/otherpubs/pdf/actionplan_2005-en.pdf, recuperado: 9 de septiembre del 2010.
- Iturralde, M. (2010), Castigo, liberalismo autoritario y justicia penal de excepción, Bogotá, Uniandes, Siglo del Hombre Editores, Instituto Pensar.

- Jacobs, J. (1995), "Judicial Impact on Prison Reform" en Blomberg, T. G. y Cohen, S. (eds), Punishment and social control: Essays in Honor of Sheldon L. Messinger, Nueva York, Aldine de Gruyter, pp. 63-75.
- Jaramillo, J.; Uprimny, R. y Diana, G. (2005), "Intervención judicial en Cárceles", en Foro Constitucional Iberoamericano, núm. 12, pp. 129-163.
- Jiménez, M. (1994), "La Cárcel en Latinoamérica en las tres últimas décadas", Capítulo Criminológico, núm. 22, pp. 63-80.
- Kalinich, D. y Stojkovic, S. (1994), "Contraband: The Basis for Legitimate Power in a Prison Social System", en Henry, S. (ed.), Social Control, Darmouth, Aldershot, pp. 209-240.
- Kennedy, D. (2001), A Critique of Adjudication: Fin de Siècle, Londres, Harvard University Press.
- Macaulay, F. (2002), "Political and institutional challenges of reforming the Brazilian prison system", Working Paper CBS-31-02, University of Oxford Centre for Brazilian Studies, Working Paper Series.
- Mathiesen, T. (1997), "Argumentos contra la Construcción de Nuevas Cárceles", en Delito y Sociedad, núms. 9-10, pp. 117-123.
- — (2000), Prison on Trial, Winchester, Waterside Press.
- Melossi, D. y Pavarini, M. (1985), Cárcel y fábrica. Los orígenes del sistema penitenciario (siglos XVI-XIX), México D.F., Siglo XXI Editores.
- Ministerio de Justicia del Perú, Comisión Especial (2003), "Plan Nacional de Tratamiento Penitenciario" [en línea], disponible en: http://www.minjus.gob.pe/acercaMINJUS/conv-2.htm, recuperado: 9 de septiembre del 2010.
- Ministerio de Justicia de la República de Colombia (2002), "Informe de gestión del año 2002", Bogotá, Imprenta Nacional.

- Ministerio del Interior y de Justicia (2010), "Informe Nuevas Cárceles", 28 de febrero de 2010, Bogotá, Ministerio del Interior y de Justicia.
- Misión Internacional Derechos Humanos y Situación Carcelaria, Alto Comisionado de las Naciones Unidas para los Derechos Humanos Oficina en Colombia (2001), "Informe Centros de Reclusión en Colombia: un estado de cosas inconstitucional y de flagrante violación de derechos humanos", Bogotá, octubre 31 del 2001.
- Mora, L. P. (2000), "Sobrepoblación penitenciaria y derechos humanos: la experiencia constitucional", en Carranza, E. (coord.), Justicia Penal y Sobrepoblación Penitenciaria. Respuestas posibles, México, Siglo XXI Editores, pp. 58-84.
- Morales, J.; Morales, L. y Morales, J. (1999), "El Personal de Custodia y los Derechos Humanos de la Población Reclusa: Consideraciones para una mejor comprensión del sistema penitenciario venezolano", en Capítulo Criminológico, vol. 27, núm. 1, pp. 71-97.
- Mothé Fernandes, M. (2006), Proposta de Implementação das Drug Courts americanas na justiça do Estado do Rio de Janeiro: aspectos jurídicos, Brasilia, Publicaciones del Depen.
- Murray, C. (1999), "Does prison work?", en Roger Matthews (ed.), Imprisonment, Aldershot, Ashgate, pp. 226-255.
- Naciones Unidas (2003), "Informe del Grupo de Trabajo sobre la Detención Arbitraria sobre su visita a Argentina" (E/CN.4/2004/3/Add.3, 23 de diciembre del 2003).
- — Comité de Derechos Humanos (2010), "98º periodo de sesiones", Nueva York, 8 al 26 de marzo del 2010. CCPR/C/ARG/CO/4, párrafo 17.
- Observatorio Venezolano de Prisiones (2006), "Situación carcelaria en Venezuela. Informe Primer Semestre 2006" [en línea], disponible en: http://www.ovprisiones.org/pdf/Informe_2006.pdf, recuperado: 9 de septiembre del 2010.
- — (2009), "Situación Carcelaria en Venezuela. Informe 2009" [en línea], disponible en: http://www.ovprisiones.org/

pdf/INFOVP2009.pdf, recuperado: 14 de septiembre del 2010.

- Olivero, J. M. (1998), "The Crisis in Mexican Prisons. The Impact of the United States", en Weiss, R. y South, N. (eds.), Comparing Prison Systems. Toward a Comparative and International Penology, Ámsterdam, Gordon and Breach Publishers, pp. 99-111.
- Olmo, R. del (1995), "La función de la pena y el Estado Latinoamericano", en La experiencia del penitenciarismo contemporáneo: aportes y expectativas, México, Comisión Nacional de Derechos Humanos, pp. 67-80.
- — (1998), "The State of Prison and Prisoners in Four Countries of the Andean Region", en Weiss, R. y South, N. (eds.), Comparing Prison Systems. Toward a Comparative and International Penology, Gordon and Breach Publishers, pp. 115-139.
- Patterson, A. (2001), "Palabras de la Embajadora Anne W. Patterson en la firma del Acuerdo para un programa para mejorar el Sistema Nacional Penitenciario de Colombia" [en línea], Bogotá, 9 de julio del 2001, disponible en: http://bogota.usembassy.gov/wwwsa010.shtml
- — (2002), "Discurso de Anne W. Patterson, embajadora de Estados Unidos, ante la LXXIII Conferencia Anual del Club Rotario Internacional, Distrito 4290" [en línea], Ibagué, 1° de junio del 2002, disponible en: http://www.ciponline.org/colombia/02060101.htm
- Pavarini, M. (1992a), "Historia de la idea de pena. Entre justicia y utilidad. La justificación imposible", Delito y Sociedad, vol. 1, núm. 1, pp. 9-21.
- — (1992b), "¿Menos cárcel y más medidas alternativas?", Delito y Sociedad, núm. 2, pp. 75-85.
- Presidencia de la República de Colombia. Decreto legislativo 1155 de 1992. "Por medio del cual se declara el Estado de Conmoción Interior", en Diario Oficial n.°. 40.498, 10 de julio de 1992.
- Rey, J. (2004), Privatización de centros de reclusión en Colombia. Identificación de los imperativos institucionales

para adelantar un proceso de privatización de los servicios penitenciarios y carcelarios en Colombia, Serie Archivos de Economía, Documento 258, Bogotá, Departamento Nacional de Planeación.

- Richardson, G. (1985), "Judicial intervention in prison life", en Maguire, M.; Vagg, J. y Morgan, R. (eds.), Accountability and prisons: opening up a closed world, Nueva York, Tavistock Publications, pp. 46-60.
- Rivera, I. (1997), La devaluación de los derechos fundamentales de los reclusos: La construcción jurídica de un ciudadano de segunda categoría, Barcelona, José María Bosch Editor.
- Robertson, J. (1997), "The Role of Ideology in Prisoner´s Rights Adjudication: Habilitative Prison Conditions and the Eight Amendment", en Andrew Rutherford (ed.), Criminal Policy Making, Darmouth, Aldershot, pp. 355-377.
- Rodríguez, C. (2000), "Globalización, Reforma Judicial y Estado de Derecho en América Latina. ¿El regreso de los programas de derecho y desarrollo?, en El Otro Derecho, núm. 25, pp. 13-49.
- Rodríguez, C. y Rodríguez, D. (2010), Cortes y cambio social. Cómo la Corte Constitucional transformó el desplazamiento forzado en Colombia, Bogotá, Dejusticia.
- Rodríguez, C. y Uprimny, R. (2006), "¿Justicia para todos o seguridad para el mercado? El Neoliberalismo y la Reforma Judicial en Colombia", en Rodríguez, C.; Uprimny, R. y García, M. (eds.), Justicia para todos o seguridad para el mercado? Sistema judicial, derechos sociales y democracia en Colombia, Bogotá, Grupo Editorial Norma, pp. 109-146.
- Rusche, G. y Kirchheimer, O. (1984), Pena y estructura social, Bogotá, Temis.
- Sajó, A. (2008), "Social Rights as Middle-Class Entitlements in Hungary: The Role of the Constitutional Court", en Roberto G.; Domingo, P. y Roux, T. (eds.), Courts and Social Transformation in New Democracies: An institutional voice for the poor?, Ashgate, pp. 83-105.

- Salvatore, R. y Aguirre, C. (1996), "Introduction", en Salvatore R. y Aguirre C. (eds.), The Birth of the Penitentiary in Latin America: Essays on Criminology, Prison Reform and Social Control, Austin, University of Texas Press, Institute of Latin American Studies, pp. I-XVII.
- Santos, B. (1987), "Law a Map of Misreading: Toward a Posmodern Conception of Law", en Journal of Law and Society, vol. 14, núm. 3, pp. 279-302.
- Stein, V. (1999), "Alternatives to Prison in Developing Countries. Some Lessons From Africa", en Punishment & Society, vol. 1, núm. 2, pp. 231-241.
- Stippel, J. (2007), "Acceso a la Justicia en Materia Penitenciaria: el caso de Chile en el contexto internacional", Ponencia presentada en el II Congreso Socio-Jurídico de Oñati - Curso de Verano "Las formas del derecho en Latinoamérica: Democracia, Desarrollo, Liberación", Oñati IISL, 18-20 de julio del 2007.
- Silva, R. y Fábio, A. (2006), Monitoramento Eletrônico de Prisioneiros(as), Breve análise comparativa entre as experiências inglesa e sueca, Brasilia, Publicaciones del Depen.
- Storey, T. (1990), "When intervention works: Judge Morris E. Lasker and New York City jails", en John Dilulio (ed.), Courts, Corrections and the Constitution: The Impact of Judicial Intervention on Prison and Jails, Nueva York, Oxford University Press, pp. 138-172.
- Tribunal Constitucional del Perú (1999), Sentencia de 27 de enero de 1999.
- — (2002), Sentencia de 9 de mayo del 2002, expediente 0622-2002-HC/TC.
- — (2002), Sentencia de 20 de junio del 2002, expediente 935-2002-HC/TC.
- — (2002), Sentencia de 21 de junio del 2002, párrafo 2, expediente 0726-2002-HC/TC.
- — (2002), Sentencia de 19 de noviembre del 2002, expediente 1429-2002-HC/TC.

- — (2003), Sentencia de 8 de mayo del 2003, expediente 0826-2003-HC/TC.
- — (2003), Sentencia de 8 de mayo del 2003, expediente 1007-2003-HC/TC.
- — (2003), Resolución de 27 de agosto del 2003, expediente 0522-2003-HC/TC.
- — (2004), Sentencia de 23 de marzo del 2004, expediente 2663-2003-HC/TC.
- — (2004), Sentencia de 4 de octubre del 2004, expediente 2476-2004-HC/TC.
- — (2005), Sentencia de 29 de agosto del 2005, expediente 5944-2005-PHC/TC.
- — (2008), Resolución expediente 03173-2008-PHC/TC, caso Teodorico Bernabé Montoya, Lima, 11 de diciembre del 2008.
- Tribunal de Justiça del Estado do Estado Rio Grande do Sul (2009), ABC n.º 70029175668 2009/Crime. Porto Alegre, 15 de abril del 2009.
- Ungar, M. (1996), "Prison Mayhem: Venezuela´s Explosive Penitentiary Crisis", en Nacla Report on the Americas, vol. 30, núm. 2, pp. 37-43.
- — (2003), "Prisons and Politics in Contemporary Latin America", en Human Rights Quarterly, núm. 25, pp. 909-934.
- Universidad Diego Portales, Centro de Derechos Humanos (2008), "Informe anual sobre derechos humanos en Chile" [en línea], disponible en: http://www.derechoshumanos.udp.cl/informe-anual-sobre-derechos-humanos-en-chile-2008/, recuperado: 9 de septiembre del 2010.
- Uprimny, R. (2006), "The Enforcement of Social Rights by the Colombian Constitutional Court: Cases and Debates", en Gargarella, R.; Domingo, P. y Roux, T. (eds.), Courts and Social Transformation in New Democracies: An institutional voice for the poor?, Aldershot, Ashgate, pp. 127-151.

- Wacquant, L. (2001), "Deadly Symbiosis. When ghetto and prison meet and mesh", en Punishment & Society, vol. 3, núm. 1, pp. 95-134.
- — (2002), Las Cárceles de la Miseria, Madrid, Alianza.
- — (2003), "Toward a dictatorship of the poor? Notes on the penalization of poverty in Brazil", en Punishment & Society, vol. 5, núm. 2, pp. 197:205.
- Walmsley, R. (2007), "World Prison Population", en Findings 188, Londres, Home Office.
- Zambrano, A. (1995), "Aproximación al Sistema Penitenciario Ecuatoriano", en Capítulo Criminológico, vol. 23, núm. 2, pp. 233-252

3. PRISIONES Y CASTIGO EN COLOMBIA: LA CONSTRUCCIÓN DE UN ORDEN SOCIAL EXCLUYENTE

Manuel Iturralde*

* Profesor Asociado, Facultad de Derecho, Universidad de los Andes. Correo electrónico: miturral@uniandes.edu.co. Deseo agradecer de manera especial a Libardo José Ariza y a Julieta Lemaitre, quienes hicieron comentarios valiosos a versiones preliminares de este texto y me sugirieron ideas y textos que probaron ser fundamentales. También quiero agradecer a Leonardo Martínez y Sebastián Rubiano quienes se desempeñaron como asistentes de investigación y me ayudaron a reunir información valiosa para escribir este artículo.

INTRODUCCIÓN

En las tres últimas décadas Colombia ha experimentado un aumento drástico y sostenido de las tasas de encarcelamiento.[1] Durante el periodo comprendido entre 1994 y el 2009 la población reclusa en Colombia aumentó en un 260,6% (entre 1994 y 1999 incrementó un 57,86%; entre el 2000 y el 2009, un 53,5% [tabla 1 y figura 1]). Semejante incremento ha empeorado la de por sí precaria situación de las personas a las que el Estado colombiano ha privado de la libertad. El término 'crisis' se ha convertido en un lugar común para caracterizar el sistema penitenciario colombiano durante las tres últimas décadas. Una de las principales fallas del sistema de justicia colombiano durante este periodo ha sido precisamente el pobre funcionamiento de las prisiones, marcadas por la

[1] De acuerdo con las cifras del y Instituto Nacional Penitenciario y Carcelario (Inpec), mientras que el promedio de personas encarceladas durante los ochenta fue de 28.000, el promedio de los noventa fue de 38.391; entre el 2000 y el 2008 dicho promedio ha sido de 59.977 (Inpec, 1999, 2008).

deficiencia de su infraestructura, la sobrepoblación, los altos niveles de violencia y la continua y masiva violación de los derechos humanos de los reclusos. Así, puede afirmarse que dicha 'crisis' es un eufemismo a la hora de describir una situación que se ha prolongado por décadas.

TABLA 1. Prisiones y población reclusa en Colombia (1994-2009)

AÑO	TOTAL CAPACIDAD	POBLACIÓN (PROMEDIO ANUAL)
1994	26.709	29.343
1995	27.822	31.690
1996	28.332	38.063
1997	29.239	41.404
1998	33.009	43.259
1999	33.090	46.322
2000	35.969	49.816
2001	40.037	52.181
2002	44.373	51.276
2003	46.399	58.894
2004	48.916	66.474
2005	49.763	69.365
2006	52.115	62.906
2007	52.504	61.543
2008	53.672	67.338
2009	55.042	76.471
2010 (abril)	56.970	79.730

FUENTE: Inpec (2009, 2010)

Durante el periodo comprendido entre 1994 y 2008 el número de delitos reportados por la Policía Nacional también aumentó de manera significativa (un 71,95% [figura 2]), lo que podría explicar el notable ascenso de la población reclusa. Sin embargo, esta explicación no es del todo satisfactoria, dado que el ascenso de la población carcelaria durante dicho periodo (129,48%) ha sido casi el doble que el incremento porcentual de delitos registrados (figuras 1 y 2).

HACINAMIENTO (PROMEDIO ANUAL)	SINDICADOS	CONDENADOS
9,9%	15.860	13.483
14,9%	15.492	16.468
34,3%	17.817	20.246
41,6%	19.227	22.177
31,1%	20.014	23.245
40%	19.731	26.591
38,5%	20.326	29.490
30,3%	21.420	30.761
15,6%	21.199	30.077
26,9%	25.271	33.623
35.9%	28.751	37.723
39,4%	28.611	40.754
20,7%	21.992	40.914
17,2%	20.280	41.263
25,5%	23.195	44.144
38,9%	25.619	50.852
40%	25.102	54.628

FIGURA 1.
Capacidad carcelaria y población reclusa (1994-2010)

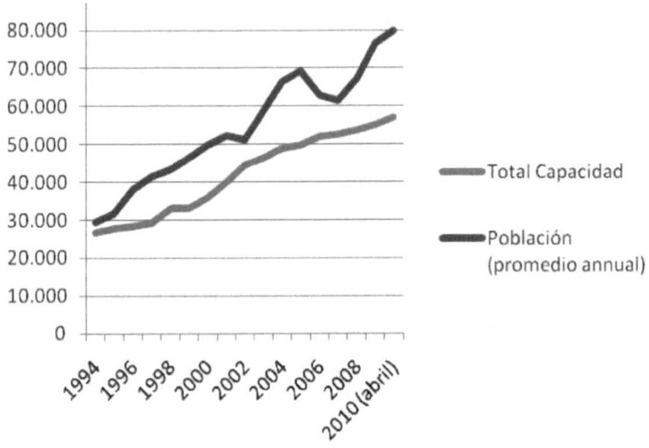

FUENTE: Inpec (2009, 2010)

FIGURA 2.
Delitos registrados por la Policía Nacional (1994-2008)

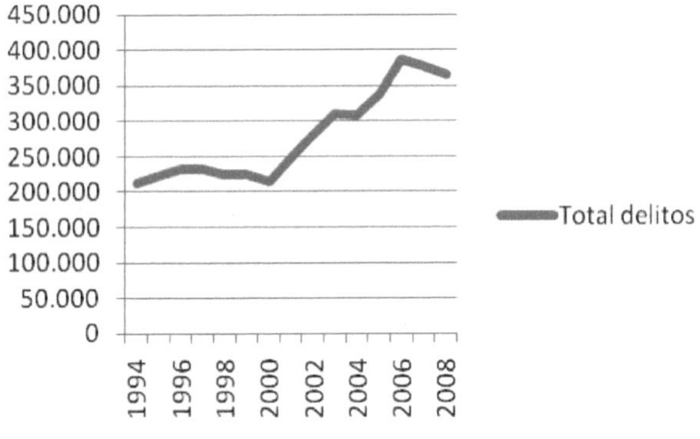

FUENTE: Policía Nacional (2009)

Este fenómeno de tendencia al incremento de las tasas de encarcelamiento, que no guarda necesariamente una relación directa con el aumento de los índices de criminalidad,[2] no se presenta sólo en Colombia sino que es global, incluyendo a países del Norte global como Inglaterra y Estados Unidos, donde la población reclusa también ha aumentado notablemente, sin que los respectivos sistemas penitenciarios sean capaces de enfrentar eficazmente la situación, lo que a su vez ha llevado al drástico empeoramiento de las condiciones de vida de los presos, ante a la indiferencia, o incapacidad, estatal (Garland, 2001a: 19). América Latina tampoco es la excepción: durante la última década la tasa de encarcelamiento ha aumentado un 68% (Ariza, 2011) (tabla 2; figuras 3 y 4).

[2] Por ejemplo, mientras que las tasas de encarcelamiento se han cuadruplicado en Estados Unidos durante las últimas tres décadas, los índices de criminalidad han tendido a disminuir durante los últimos veinte años. En Inglaterra, la población reclusa ha aumentado, de manera constante, alrededor del 60% en las últimas tres décadas; entre tanto, los índices delincuenciales han tendido a reducirse desde 1990 (Garland, 2001a: 208-209).

TABLA 2. Tasa de población carcelaria por 100.000 habitantes (y total de población reclusa) en países latinoamericanos

PAÍS	1992/1993	1995/1996	1998/1999
Argentina	63 (21.016)	75 (25.852)	100 (35.808)
Bolivia	S.D.	71 (5.412)	86 (6.867)
Brasil	74 (114.377)	92 (148.760)	102 (170.602)
Chile	155 (20.989)	155 (22.023)	181 (26.871)
Colombia	100 (33.491)	107 (37.428)	127 (51.693)
Ecuador	74 (7.998)	84 (9.646)	78 (9.439)
México	98 (85.712)	102 (93.574)	133 (128.902)
Nicaragua	85 (3.375)	103 (4.586)	134 (6.535)
Panamá	178 (4.428)	249 (6.607)	300 (8.290)
Paraguay	—	60 (2.972)	75 (4.088)
Perú	71 (15.718)	90 (20.899)	106 (26.059)
Uruguay	97 (3.037)	100 (3.192)	121 (3.927)
Venezuela	111 (23.200)	102 (22.791)	97 (22.914)

FUENTE: International Centre for Prison Studies (2009)

2001/2002	2004/2005	2007/2008
109 (41.007)	140 (52.472)	154 (60.621)
110 (9.145)	79 (7.310)	82 (7.682)
133 (233.859)	183 (336.358)	220 (422.590)
225 (34.717)	238 (38.064)	276 (45.843)
126 (54.034)	152 (68.545)	150 (69.979)
61 (7.859)	86 (11.358)	126 (17.065)
164 (165.687)	183 (193.889)	193 (212.841)
—	—	107 (6.060)
333 (9.643)	353 (11.292)	295 (10.036)
—	86 (5.063)	95 (5.889)
105 (26.968)	116 (31.311)	141 (39.684)
—	—	193 (6.947)
77 (19.368)	74 (19.853)	79 (22.000)

FIGURA 3.
Tasas de encarcelamiento (por 100.000 habitantes) en diversos países

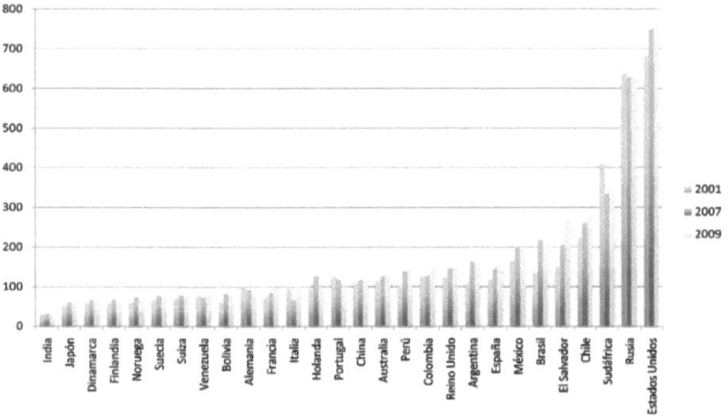

FUENTE: International Centre for Prison Studies (2009)

FIGURA 4.
Tasas de encarcelamiento (por 100.000 habitantes) en América Latina

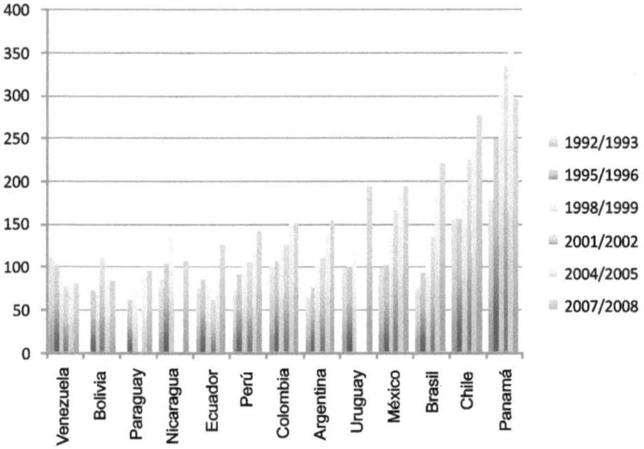

FUENTE: International Centre for Prison Studies (2009)

El problema carcelario en Colombia, como ocurre de manera similar en otras latitudes, no es ocasional ni se limita al interior de los muros de las prisiones; afecta a la misma sociedad colombiana pues es un reflejo de sus problemas y luchas estructurales. Las cárceles resaltan de manera dramática la marginalización de vastos sectores de una sociedad altamente excluyente y desigual[3] que son estigmatizados y temidos como peligrosos delincuentes. Las prisiones, colombianas y de otros países, también ponen de relieve la tendencia de diversas sociedades contemporáneas a afrontar los problemas estructurales y la inestabilidad social principalmente a través de mecanismos represivos plasmados en la política criminal, lo que ha consolidado una forma de gobernar a través del control del crimen (Simon, 1997, 2007).

La sensación de miedo e inseguridad que reina en muchas de sociedades es canalizada por los gobiernos por medio del aumento e intensificación de los aparatos y técnicas de control y seguridad. La combinación de estos elementos, particularmente durante las últimas tres décadas, ha dado lugar a una cultura del control (Garland, 2001a: 175) que afecta la vida de todos los ciudadanos y que inspira las políticas

[3] Según el coeficiente de Gini de la Organización de Naciones Unidas (ONU) —que mide la desigualdad del ingreso—, en el 2000 Colombia era el noveno país en el mundo por reparto más desigual de la riqueza. Entre los nueve países más desiguales en el 2000, siete eran países latinoamericanos, lo cual convertía a esta región, junto con el África subsahariana, en la más desigual del mundo (UNDP, 2002: 183). La gran concentración del ingreso en Colombia se ha mantenido estable durante las últimas tres décadas; el coeficiente de Gini ha oscilado entre 0,54 en 1978, 0,58 en el 2003 y 0,53 en el 2006 (Ossa y Garay, 2002: XXIV), Departamento Nacional de Planeación (DNP) (2007: 6) y UNDP (2008: 281-284).

de los Gobiernos de los países más variados, tanto los del Norte como los del Sur global. A pesar de que sería inexacto hablar de una homogeneización global del castigo, pues existen diversas tendencias en los sistemas penales de dichos países, como indican Lacey (2008) y Whitman (2005),[4] existe una tendencia hacia la convergencia penal (Cavadino y Dignan, 2006: 438-441), caracterizada por un aumento generalizado de la población reclusa, como resultado del endurecimiento de las políticas penales. Así, el problema carcelario en Colombia es un ejemplo más de la expansión global de la cultura del control en las sociedades globalizadas contemporáneas.

Por estas razones el estudio de la 'crisis' de las prisiones en Colombia, como ejemplo paradigmático de una tendencia global, no puede abordarse desde un enfoque reduccionista, que trate de explicarla en sus propios términos. Por el contrario, debe realizarse desde una perspectiva más amplia que incluya al sistema penal, entendido como la forma en que el Estado y la sociedad conciben el crimen y sus respectivas formas de castigo. El castigo no es tan sólo una manera de tratar con los delincuentes; es una verdadera institución social que ayuda a definir, y que refleja al mismo tiempo, la naturaleza de una sociedad particular, los tipos de relaciones y de conflictos que la constituyen (Garland, 1990: 287). De esta manera,

[4] Lacey afirma que, a pesar de la globalización, persisten diferencias fundamentales entre los diversos sitemas penales nacionales; esto explica los distintos grados de moderación, o exceso, penal de sociedades que en otros aspectos pueden resultar parecidas. Según Whitman, existen importantes diferencias entre el sistema penal estadounidense (históricamente más cruel y punitivo) y el europeo (tradicionalmente más humanitario y con fines rehabilitadores), dadas sus diferentes trayectorias históricas y políticas.

el análisis del actual funcionamiento de las cárceles y del sistema penal constituye una herramienta clave para comprender las transformaciones de la sociedad colombiana, junto con sus conflictos, durante las últimas tres décadas, así como las relaciones sociales y de poder que han llevado a los diversos Gobiernos a marginar a un extenso sector de la población con el argumento de que se está protegiendo a la sociedad.

Desde una perspectiva sociológica del castigo y la prisión, entendidos como instituciones sociales complejas, el presente artículo pretende hacer un diagnóstico crítico de las prisiones en Colombia durante los últimos treinta años, así como de los usos y significados políticos y culturales de éstas en la sociedad colombiana. Con este fin, en la primera parte del artículo (que comprende las tres primeras secciones) haré una evaluación crítica, principalmente a partir de estadísticas oficiales, de las principales características y transformaciones de las instituciones penitenciaras y la población reclusa colombianas, así como de la política criminal que legitima su condición y existencia. En la segunda parte (que comprende las tres secciones siguientes), a partir de los rasgos y cambios de las prisiones en Colombia, explicaré los significados, usos políticos y culturales de la prisión en la sociedad colombiana contemporánea.

La tesis central de este escrito es que la prisión se ha constituido en una institución y símbolo básicos del liberalismo autoritario (Iturralde, 2010). Este es un estilo de gobierno que se ha consolidado en las últimas tres décadas y que defiende los intereses del *statu quo*, incluso de manera violenta, a costa de los derechos de los grupos sociales más pobres y vulnerables (que en Colombia constituyen la mitad de la población). Tal defensa del estado de cosas predominante en Colombia ha dado lugar a una sociedad fuertemente excluyente y desigual, que en buena medida legitima el uso y expansión de la prisión con base en sentimientos guiados por el miedo y la venganza. También mostraré cómo esta situación no es exclusiva de Colombia (aunque acá se presenta de forma extrema), pues diversos países democráticos (en América Latina y otras partes del mundo) que han abrazado modelos de economía política neoliberal, presentan características similares. Así, la globalización de la economía y la política neoliberales, ha estado acompañada de un modelo punitivo particular que excluye a los grupos sociales más pobres por medio del castigo con el fin de consolidar dicho proyecto político (Wacquant, 2009: XVIII). En las conclusiones propongo una mirada alternativa al fenómeno criminal y formas más incluyentes de enfrentarlo, lo que implica una redefinición (y reducción) del papel político y simbólico que desempeña la prisión en las sociedades contemporáneas.

2. LAS PRISIONES COLOMBIANAS DURANTE LAS ÚLTIMAS TRES DÉCADAS: HISTORIA DE UN FRACASO

Para 1989 el hacinamiento en las cárceles colombianas no era excesivamente alto: 166 centros de reclusión, con una capacidad para 26.307 internos, tenían una población de 26.715 prisioneros, lo cual representaba un 1,55% de hacinamiento (Ministerio de Justicia, 1989: 230-231). Pero durante los últimos veinte años la tasa de hacinamiento ha aumentado notablemente. Mientras que durante los primeros años de los noventa la capacidad de las cárceles se había incrementado aproximadamente en 6000 cupos, el aumento de la población reclusa durante el mismo periodo estuvo alrededor de las 18.000 personas; en apenas seis años el índice de hacinamiento de las prisiones pasó del 10% (en 1993) al 40% (en 1999) (Inpec, 2008).

El hacinamiento tendió a disminuir entre el 2000 y el 2002 (de un 38,5% a un 15,6%), y entre el 2005 y el 2008 (de un 39,4% a un 25,5%); esto se debió básicamente a la creación de nuevos cupos carcelarios (que pasaron de 35.969 en el 2000 a 53.672 en el 2008 —un aumento del 49,21%—), y no a una menor población reclusa, que ha crecido de manera constante con el paso de los años (de 49.816 en el 2000 a 76.471 en el 2009 –un incremento del 53,5%–) (tabla 1, figuras 1 y 5). Sin embargo, dicho hacinamiento ha sido considerablemente alto a pesar de los numerosos altibajos y, lo que es más preocupante, entre el 2009 y el 2010 evidenció un gran aumento: llegó al 40% en abril del 2010, cifra que alcanza los topes históricos de 1997 (41,6%), 1999 (40%) y el 2005 (39,4%) (tabla 1 y figura 5).

FIGURA 5.
Porcentaje de hacinamiento en prisiones colombianas (1994-2010)

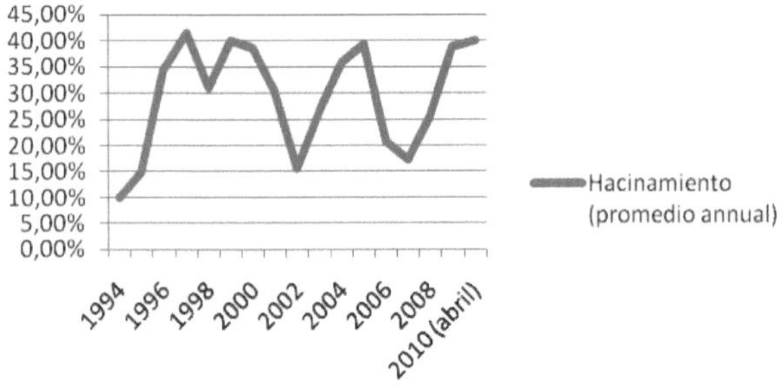

FUENTE: Inpec (2009)

Los altos índices de hacinamiento y el crecimiento del número de prisioneros durante las últimas dos décadas ha empeorado las de por sí pobres condiciones de un sistema penitenciario obsoleto y agobiado, lo que a su vez ha conducido a una situación de desorden y violencia generalizados dentro de los centros de reclusión que el Estado colombiano históricamente no ha controlado eficazmente (Gaitán et ál., 2000).

Una evidencia significativa de la inadecuada infraestructura del sistema penitenciario en Colombia son las escasas oportunidades de educación y de trabajo que las cárceles les ofrecen a los internos. A pesar de que la educación y el trabajo son dos de los pilares del esquema de rehabilitación —o resocialización, como se le denomina en Colombia— del sistema penitenciario, la realidad de las prisiones colombianas muestra que el Estado está lejos de proveer las condiciones mínimas necesarias para alcanzar el ideal de resocialización que justifica, al menos en el discurso penal, la existencia misma de la prisión como una institución propia del Estado de derecho. Para 1999 el 41% de la población carcelaria tenía trabajo; en diciembre del 2005 el 34,45% tenía alguna ocupación y en septiembre del 2008 tal porcentaje fue del 31,72% (Inpec, 2008). El promedio del porcentaje de la población carcelaria ocupada en actividades laborales entre el 2002 y el 2008 fue del 35% (tabla 3; figuras 6 y 7).

TABLA 3.
Índices de ocupación laboral y formación educativa de la población reclusa (2002-2008)

MES/AÑO	TOTAL POBLACIÓN	TRABAJO
diciembre 2002	52.936	21.505 (40,62%)
diciembre 2003	62.281	21.461 (34,45%)
diciembre 2004	68.020	23.700 (38,84%)
diciembre 2005	66.829	23.027 (34,45%)
diciembre 2006	60.021	21.474 (35,77%)
diciembre 2007	63.603	21.463 (33,74%)
septiembre 2008	69.689	22.109 (31,72%)
Promedio 2002-2008	63.339	22.105 (35,08%)

FUENTE: Inpec (2008)

ESTUDIO	SIN OCUPACIÓN
17.420 (32,9%)	14.011 (26,46%)
25.466 (40,88%)	15.354 (24,65%)
27.748 (40,79%)	16.572 (24,36%)
26.441 (39,56%)	17.361 (25,97%)
26.755 (44,57%)	11.792 (19,64%)
26.381 (41,47%)	15.759 (24,77%)
26.916 (38,62%)	20.664 (29,65%)
25.303 (39,83%)	15.930 (25,07%)

FIGURA 6.
Ocupación población reclusa (2002-2008)

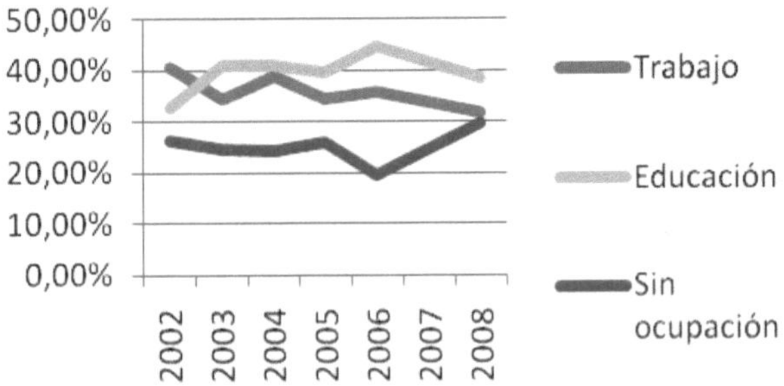

FUENTE: Inpec (2009)

FIGURA 7.
Promedio ocupación población reclusa (2002-2008)

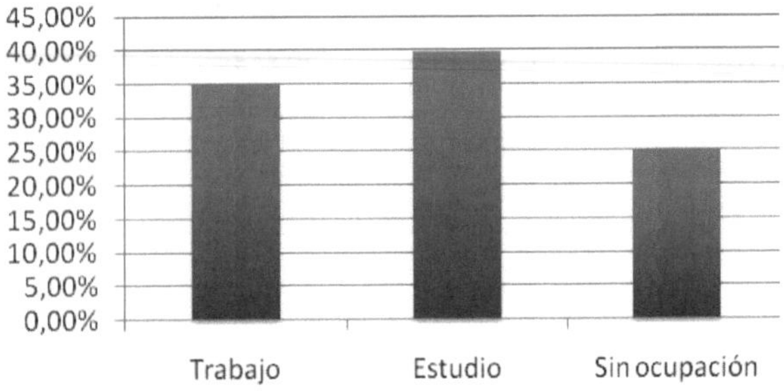

FUENTE: Inpec (2009)

Muchas de las actividades laborales no son ofrecidas por las prisiones. Un número considerable de reclusos tiene trabajos informales, esto es, prácticamente cualquier tipo de trabajo —desde vender comestibles hasta limpiar pisos—, reconocido por las autoridades penitenciarias con el fin de descontar pena, pero que los presos realizan con sus propios medios y recursos, sin ningún tipo de apoyo ni entrenamiento por parte de la institución eficazmente (Gaitán et ál., 2000). De hecho, según un informe de la Contraloría General de la República, en el 2006 el presupuesto del Inpec para programas de resocialización (que incluye educación) representó apenas el 1,4% del presupuesto general de esa institución y además disminuyó con respecto al año anterior (Pérez y Morales, 2008: 4).

De hecho, la mayoría de los trabajos, incluso aquellos proveídos por la prisión, son no calificados, por lo que, por una parte, no suelen responder ni a los intereses ni a las aptitudes de los reclusos y, por otra, no satisfacen los requerimientos ni necesidades del mercado de las sociedades capitalistas e industrializadas contemporáneas. El tipo de actividad desempeñada por un interno durante su tiempo de reclusión, si es que consigue uno, será de muy poca, o ninguna, utilidad a la hora de encontrar un trabajo después de ser liberado, pues sus calificaciones no se corresponden con las exigencias del mercado laboral. Así, la prisión impone a los reclusos un trabajo inútil que no les ayudará a encontrar empleo (Matthews, 2003: 73-76.)

En cuanto a la educación, el otro elemento central de la resocialización, el panorama es similar: en 1999 el 25% de la población reclusa participaba en programas educativos; en diciembre del 2005 tal porcentaje fue del 39,56% y en septiembre del 2008 fue del 39,83%; el promedio del porcentaje de reclusos que participaron en programas educativos entre el 2002 y el 2008 fue del 39,83% (Inpec, 1999, 2008) (tabla 3; figuras 5 y 6). A pesar de que la cobertura de los programas educativos ha aumentado en los últimos diez años, dichos programas se enfocan en niveles básicos, principalmente de educación primaria, mientras que la secundaria y la universitaria, que podrían tener una demanda alta teniendo en cuenta los perfiles educativos de la población carcelaria (como se verá en la siguiente sección), presentan una cobertura muy baja. Así, entre el 2004 y el 2007, sólo el 1,5% de los reclusos validaron los cursos que tomaron ante el Instituto Colombiano para el Fomento de la Educación Superior (Icfes) y únicamente el 1% presentó las pruebas de Estado requeridas para entrar a programas universitarios (Pérez y Morales, 2008: 4). De manera similar a las actividades laborales, los programas educativos sirven más como medio para descontar pena que como herramienta para formar a los reclusos y permitirles una adecuada reintegración a la sociedad.

En cuanto a los prisioneros que no están ocupados en actividades laborales o programas educativos, aunque su número también ha disminuido durante la última década, sigue siendo considerablemente alto: en 1999 el 34% de los reclusos no estaba realizando actividad alguna de resocialización; esta cifra se redujo al 25,97% en el 2005 y al 25,07% en septiembre del 2008. El promedio del porcentaje de población reclusa desocupada entre el 2002 y el 2008 fue del 25,07% (Inpec, 1999, 2008) (tabla 3; figuras 6 y 7).

Por lo tanto, pese a las mejoras en la cobertura de programas educativos, las anteriores cifras son un claro indicio del fracaso de los programas de resocialización que han sido uno de los pilares declarados de la institución penitenciaria desde su creación. La prisión no reforma ni educa; es una institución puramente punitiva, no un mecanismo de rehabilitación. Pero, ¿qué tipo de personas y de delitos tiende a castigar el sistema penitenciario colombiano? ¿Opera éste de una manera selectiva, afectando más intensamente a ciertos grupos sociales y a determinadas actividades ilegales? Estas preguntas serán respondidas en la siguiente sección.

3. EL PERFIL DE LAS PERSONAS Y LOS DELITOS QUE VAN A LA PRISIÓN

Las personas

Como sucede en diversas sociedades, la gran mayoría de la población reclusa en Colombia son hombres, con un promedio que ha oscilado entre el 93 y el 94% del total de la población en los últimos veinte años (Ministerio de Justicia, 1989: 41; Inpec, 2008). Para 1989 la edad de la población reclusa fluctuaba principalmente entre los 16 y los 30 años (57,7% de los prisioneros); el 28,7% de los internos oscilaba entre los 31 y 40 años de edad; el 9% entre los 41 y los 50 años y el 4,5% de la población carcelaria estaba por encima de los 50 años de edad (Ministerio de Justicia, 1989: 73). En 1999 y 2008 dicha tendencia se vio confirmada: en 1999 la edad de la mayoría de los prisioneros oscilaba entre los 18 y los 29 años (lo que representaba el 43,81% del total de la población); el 34,42% de los reclusos estaba entre los 30 y los 39 años de edad, y el 16,51% entre los 40 y los 49 años de edad (Inpec, 1999). En el 2008 el 47% de la población carcelaria oscilaba entre los 18 y 29 años de edad; el 36,5% entre los 30 y 44; el 13,5% entre los 45 y 59; y el 3% tenía más de 60 años de edad (Inpec, 2008).

Con respecto a la población reclusa según sexo, a septiembre del 2008, de 69.689 presos, el 94% eran hombres y el 6% mujeres. Esta proporción se ha mantenido a lo largo del tiempo pues en 1989 y el 2008 era prácticamente igual (Ministerio de Justicia, 1989: 41; Inpec, 2008).

En lo referente a los niveles de educación formal de la población reclusa, en 1989 el 8,25% de los internos no tenía ningún tipo de formación educativa; el 46,75% había cursado (no necesariamente completado) alguno de los grados de educación primaria, el 34,5% educación secundaria y el 6% formación universitaria o técnica (Ministerio de Justicia, 1989: 78). Para 1999 los niveles de educación formal de la población carcelaria eran aun más bajos: el 12% no había accedido a ningún tipo de educación formal, el 53% de los prisioneros había cursado educación primaria; el 31% educación secundaria y el 3% estudios universitarios o técnicos (Inpec, 1999). En el 2008 el 5,85% no tenía formación educativa alguna, el 42,43% había cursado educación primaria, el 48,16% educación secundaria y el 3,53% educación universitaria o técnica (Inpec, 2008). A pesar de que ha aumentado el porcentaje de población reclusa con algún tipo de estudios secundarios (del 34,5% en 1989 al 48,16% en el 2008), la proporción de internos que no ha ido más allá del bachillerato ha sido muy alta en los últimos 20 años (era del 89,5% en 1989 y del 96,44% en el 2008) (figura 8).

FIGURA 8.
Nivel educativo personas recluidas (1989-2008)

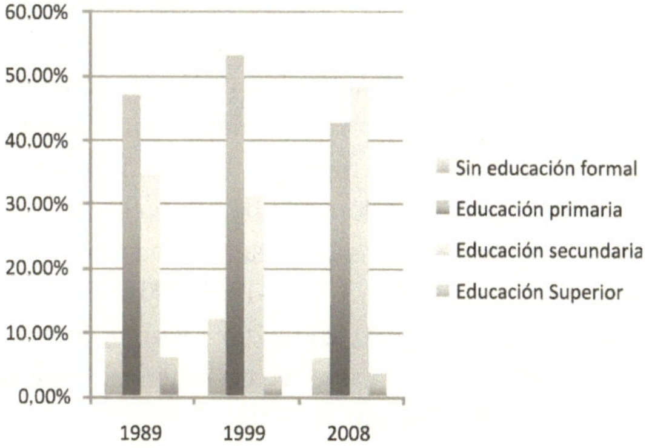

FUENTE: Inpec (2008)

Finalmente, el porcentaje de prisioneros que son reincidentes se ha mantenido relativamente estable durante los últimos siete años. Según datos del Inpec (2008), el promedio del porcentaje de internos reincidentes en las prisiones colombianas entre el 2002 y el 2008 fue de 15,2%.[5] Más que denotar el relativo éxito de los programas de resocialización que ofrece la institución penitenciaria (que como se vio son muy precarios), la anterior cifra puede reflejar cómo, en lugar de un grupo de profesionales del crimen que amenaza a la sociedad y vuelve una y otra vez a prisión, como en muchas ocasiones claman los gobiernos, la mayoría de personas que suele terminar en la cárcel pertenece a una clase marginada que comparte

[5] En el 2002 el porcentaje de población reclusa reincidente fue del 15,8%; en el 2003 y el 2004 del 12,9%, en el 2005 del 17,1%, en el 2006 del 15,2%, en el 2007 del 17% y en el 2008 del 15,7% (Inpec, 2008).

rasgos socioeconómicos similares, marcados por la exclusión y la falta de oportunidades.

Los datos anteriores confirman una tendencia mundial con respecto a las características demográficas de la población reclusa: en la gran mayoría de las sociedades capitalistas contemporáneas aquellos que acaban en prisión son en su mayor parte hombres jóvenes, que proceden a menudo de centros urbanos y entornos de marginación, con bajos niveles de educación y normalmente desempleados o en empleos informales (Garland, 1998: 1160-1161; 2001a: 90-93; 2001b: 5; Wacquant, 2000, 2001, 2009; Young, 1999; para el caso latinoamericano, véase Jiménez, 1994; del Olmo, 1995, 1998; Wacquant, 2003).

Los delitos

El tipo de delitos que el sistema penitenciario procesa está condicionado por numerosos factores, como las acciones adelantadas por las agencias de seguridad del Estado (como la Policía Nacional, la Fiscalía General de la Nación y el Departamento Administrativo de Seguridad [DAS]). Tales actividades responden a políticas y objetivos particulares, dictados por los mandos directivos, que dan prioridad, según las circunstancias, a la investigación y persecución de ciertos tipos de delitos. Otro factor importante es la 'visibilidad' de los crímenes. Cierto tipo de delitos, por su naturaleza y características, las condiciones en las que son cometidos y el perfil de sus autores, son más susceptibles de ser perseguidos que aquellos delitos que, por los mismos criterios, son menos 'visibles' dentro de la sociedad y son más difíciles de investigar y perseguir. Este es el caso de los delitos como el fraude, la estafa y el lavado de dinero —lo que tradicionalmente se conoce como 'delitos de cuello blanco'— y que en muchos casos son cometidos por personas pertenecientes a poderosos grupos económicos.

Estos delitos son difíciles de rastrear —particularmente para un aparato represivo como el colombiano, que tiene grandes carencias técnicas y logísticas— pues suelen cometerse a través de métodos sofisticados y porque aquellos involucrados en su comisión suelen tener las conexiones políticas, los recursos y el poder necesarios para que tales infracciones mantengan un perfil bajo dentro de la política criminal del Estado. Otro tipo de delitos, como los sexuales y aquellos que se producen al interior de los hogares (como la violencia doméstica y de nuevo los crímenes sexuales) también son difíciles de medir pues presentan menores niveles de denuncia o, aun siendo denunciados, no son procesados por las autoridades competentes por diversas razones (que van desde prejuicios sexuales hasta falta de pruebas o una legislación que no favorece su investigación) (Restrepo y Martínez, 2004; García, Rodríguez y Uprimny, 2006; Maguire, 2007). Así, el hecho de que estos delitos sean menos visibles, no significa que ocurran de manera poco frecuente ni que dejen de tener un gran impacto en la sociedad; sencillamente éste es más difícil de identificar y medir. Es por esto que las estadísticas criminales, aunque sirven de ayuda para analizar la manifestación de la criminalidad en una sociedad determinada, no reflejan con precisión el verdadero fenómeno criminal al interior de ésta. En consecuencia, la información que las estadísticas arrojan debe ser recibida y manejada con cautela.

A pesar de esto, las estadísticas sobre criminalidad, el perfil de los prisioneros y el tipo de delitos por los que son apresados son útiles para entender la manera selectiva en que funciona el sistema penal, del cual el sistema penitenciario es la fase —y el receptor— final. Las estadísticas sirven para percibir qué tipo de delitos son más susceptibles de ser perseguidos por el Estado y qué tipo de personas más probablemente terminarán en prisión. Una vez que esto sea puesto en evidencia, otras cuestiones más interesantes podrán ser abordadas: ¿por qué el Estado procesa ciertos delitos en particular?; ¿por qué es más probable que ciertos grupos sociales terminen en la cárcel? ¿Es porque esos tipos particulares de delitos y delincuentes son más peligrosos para la sociedad que otros? ¿Cuáles son las inclinaciones y motivaciones de las políticas penales sobre estos aspectos?

Antes de intentar responder estas preguntas, es importante establecer por qué tipo de delitos ha estado detenida la población carcelaria colombiana durante las últimas dos décadas. Los siguientes datos se enfocan en los años 1989, 1999 y 2008 con el fin de evidenciar, a grandes rasgos, los cambios y la configuración de ciertos patrones durante este periodo. Los índices de criminalidad registrados por la Policía Nacional aumentaron como resultado de diversos factores, como la intensificación del conflicto armado, la guerra contra el narcotráfico y la crisis económica que golpeó a Colombia especialmente durante la segunda mitad de los noventa (figura 9) (Camacho, 2006; Bonilla, 2006).

FIGURA 9.
Población carcelaria vs. total de delitos reportados (1994-2008)

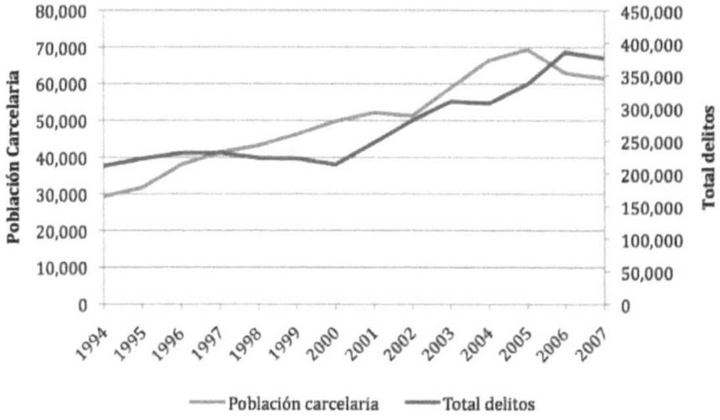

FUENTE: Inpec (2008), Policía Nacional (2008)

En 1977, el número de personas encarceladas por delitos contra la vida y la integridad personal representaban el 30% del total de la población reclusa, mientras que los detenidos por delitos contra el patrimonio económico (principalmente hurto simple y calificado) representaban el 45,93% y aquellos privados de la libertad por delitos relacionados con el narcotráfico, el 6,91% (Ministerio de Justicia, 1989: 84) (figura 10).

FIGURA 10. Representación porcentual de delitos en prisiones colombianas (1977-2008)

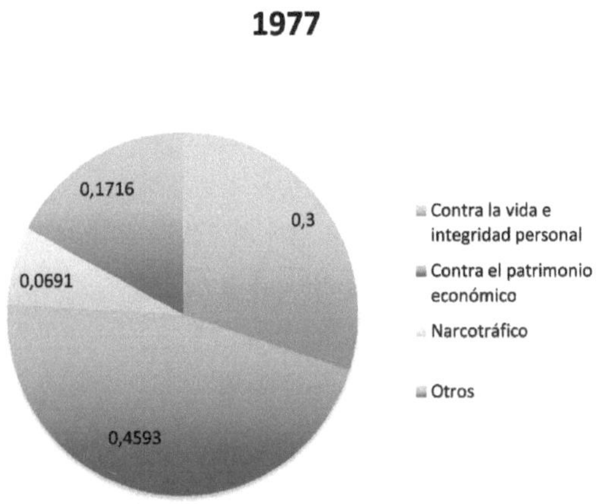

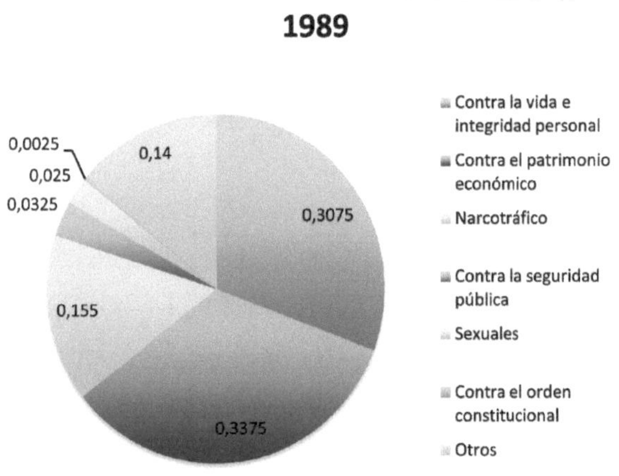

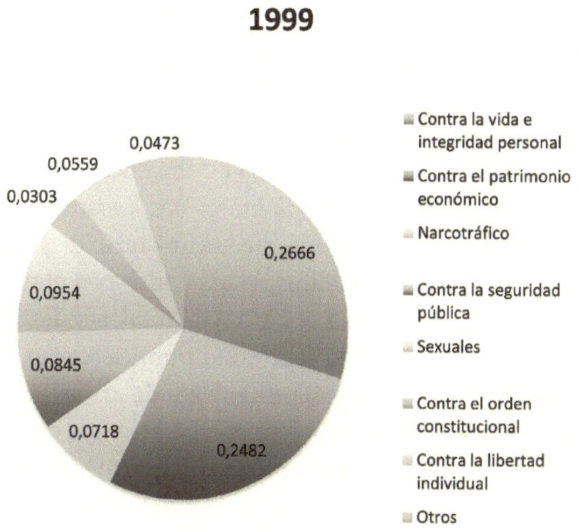

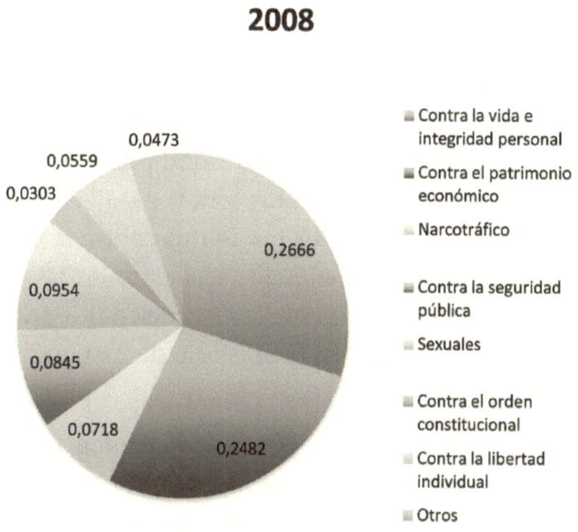

FUENTE: Ministerio de Justicia (1989), Inpec (2008)

Para 1989, el 33,75% de la población reclusa estaba privada de la libertad por delitos contra el patrimonio económico y el 30,75% por homicidio y lesiones personales, y el 1,5% estaba detenido por una combinación de estos delitos. Así, en 1989, el 66% de los presos en Colombia estaba encarcelado por delitos contra la vida, la integridad personal y contra el patrimonio económico (Ministerio de Justicia, 1989: 83-84). Los delitos relacionados con el narcotráfico representaban el 15,5% del total, seguidos por los delitos contra la seguridad pública (como el terrorismo y conexos y el porte ilegal de armas), con el 3,25%; los delitos sexuales con el 2,5% y los delitos contra el orden constitucional (particularmente los de rebelión y sedición) con el 0,25% del total (Ministerio de Justicia, 1989: 87) (figura 10).

A diciembre de 1999, la mayoría de los prisioneros estaban detenidos por delitos contra la vida e integridad personal (31,09%), seguidos por los delitos contra el patrimonio económico (28,59%), que entre ambos sumaban el 59,68% del total (Inpec, 2008). Les seguían los delitos relacionados con el narcotráfico (10,2%), los delitos contra la seguridad pública —que incluyen el terrorismo y delitos conexos— (7,08%), los delitos sexuales (5,45%), los delitos contra la libertad individual —principalmente secuestro— (5,33%), y los delitos contra el régimen constitucional —ante todo la rebelión— (2,33%) (Ministerio de Justicia, 1989) (figura 10).

En el 2008 los delitos contra la vida e integridad personal y contra el patrimonio económico continuaron ocupando los dos primeros lugares con el 26,66% y 24,82% del total, respectivamente. Así, entre ambos sumaron más de la mitad de los crímenes (51,48%) por los que las personas fueron recluidas en Colombia durante ese año (Inpec, 2008). Fueron seguidos por los delitos relacionados con el narcotráfico (17,18%), los delitos sexuales (9,54%), los delitos contra la seguridad pública —que incluyen terrorismo y conexos— (8,45%), delitos contra la libertad individual —entre ellos el secuestro y la desaparición forzada— (5,59%) y los delitos contra el régimen constitucional —principalmente el delito de rebelión por pertenecer a grupos armados ilegales— (3,03%) (Inpec, 2008) (figura 10).

Como muestran las cifras anteriores, a partir de 1989 la proporción de reclusos detenidos por la comisión de delitos contra la vida y la integridad personal, y los relacionados con el narcotráfico y el terrorismo aumentaron notablemente como resultado del conflicto armado y la guerra contra el narcotráfico, particularmente el cartel de Medellín —entre finales de los ochenta y comienzos de los noventa— caracterizado por sus métodos violentos y terroristas y que estaba dando los últimos —y letales— coletazos. Paradójicamente, durante este periodo de confrontación total entre el Estado y los carteles de las drogas, el tráfico de cocaína particularmente con Estados Unidos se expandió, haciendo de Colombia el primer exportador de cocaína en el mundo (Thoumi, 1995; Arrieta et ál., 1990).

El incremento del negocio de la cocaína también ha incitado la intensificación del conflicto armado, pues ha servido como una fuente inmensa de recursos para la guerrilla y los grupos paramilitares, que controlan y luchan por el control de la mayoría de zonas donde están situados los cultivos de coca, lo que les ha permitido armar poderosos ejércitos (Camacho, 2006; Ortiz, 2006; Romero, 2006). De lo anterior se puede concluir, a grandes rasgos, que la intensificación de la violencia, el conflicto armado y la crisis social y económica[6] durante los noventa se refleja en las estadísticas sobre la población carcelaria en Colombia, constituida en su gran mayoría por personas sindicadas y condenadas por delitos relacionados con estos fenómenos (delitos contra el patrimonio económico, contra la vida e integridad personal, contra la seguridad pública y el narcotráfico).

Los anteriores datos, que cubren tres décadas diferentes, muestran que las personas privadas de la libertad por los delitos contra la vida y la integridad

[6] En criminología existe un gran debate sobre la relación entre crisis económica y aumento del desempleo, por una parte, e incremento de los índices de criminalidad, por otra. Aunque estadísticamente es difícil establecer una relación directa entre ambos fenómenos, de manera tal que el primero impacte de manera determinante el segundo, sí parece haber un grado de incidencia relevante, aunque no unívoco, entre éstos (Reiner, 2007a: 358-363). Sin embargo, cuando los periodos de crisis económica llevan a un aumento de la desigualdad económica y social entre las clases más favorecidas y las más pobres, el impacto de éste sobre los índices de criminalidad y violencia (que tienden a elevarse) es notable y estadísticamente relevante, según demuestran estudios en diversos países (Wilkinson y Pickett, 2010: 129-144). Tal relación puede apreciarse con la crisis económica que sacudió a Colombia a finales de los noventa (la peor desde la gran crisis de 1929): el desempleo urbano aumentó del 11,9% en 1996 al 20,1% en 1999 –el peor año de la crisis– (Núñez y González, 2006: 8). La pobreza aumentó del 53,8% del total de la población en 1991, al 57,5% en 1999 (Núñez y González, 2006: 11); y la desigualdad –medida con el coeficiente Gini– del 0,51 en 1993 al 0,58 en 1999 (Núñez y González, 2006: 11). Por su parte, entre el 2000 y el 2006, el tiempo que le tomó a la economía colombiana recuperarse, el índice de delitos registrados por la Policía Nacional aumentó un 80,27% (pasó de 214.192 delitos registrados en el 2000 a 386.143 en el 2006 [Policía Nacional, 2008]) (figura 2).

personal y contra el patrimonio económico son una mayoría constante dentro de la población carcelaria de Colombia (entre el 51 y el 75%). Este tipo de prisioneros es seguido de manera constante por aquellos sindicados o condenados por delitos relacionados con el narcotráfico (alrededor del 15% del total de la población reclusa), cuyo número se duplicó durante los ochenta —que marcaron el comienzo de la guerra frontal contra las drogas— al pasar del 6,91% en 1977 al 15,5% en 1989, como resultado de una política criminal represiva que sirvió de instrumento fundamental de la lucha estatal contra el narcotráfico, el crimen organizado y los grupos armados al margen de la ley (Iturralde, 2010).

Estas cifras también ponen de manifiesto la ineficacia de la política criminal de los diferentes gobiernos colombianos, a lo largo de las últimas tres décadas, quienes pretendían sancionar los delitos que su discurso político señalaba una y otra vez como aquellos que ponen en peligro de manera más grave e inminente el orden público y la seguridad de la sociedad. Con excepción de los detenidos por narcotráfico, cuya sanción aumentó considerablemente durante los ochenta —lo cual sin embargo será matizado y explicado más adelante pues no puede entenderse como un golpe efectivo contra los sectores más poderosos del narcotráfico—, buena parte de los delitos más graves y comunes del conflicto armado, como el secuestro, el terrorismo y la misma rebelión, que se relacionan estrechamente con las actividades de la guerrilla, los paramilitares e incluso el narcotráfico, no terminan en la prisión de una forma significativa.

Lo anterior a pesar de que los gobiernos colombianos han desarrollado particularmente desde los ochenta una legislación penal de emergencia —que implica serias restricciones a las garantías constitucionales y que efectivamente ha generado graves violaciones de los derechos humanos de un considerable número de personas—, para combatir este tipo de criminalidad de manera efectiva (Iturralde, 2010; Ariza et ál., 1997; Ariza y Barreto, 2001; García, 2001; García y Uprimny, 2006). Incluso, aunque el porcentaje de personas encarceladas por delitos en contra de la vida y la integridad personal (que en buena medida se relacionan con el conflicto armado y la guerra contra el narcotráfico [Sánchez et ál., 2007]) han sido altos durante las últimas tres décadas, han tendido a mantenerse estables, a pesar de que la tasa de homicidios en Colombia se duplicó entre 1984 y 1995, y siguió en aumento, con altibajos hasta el 2002, para después mostrar una significativa reducción entre ese año y el 2008.[7]

4. LA SELECTIVIDAD DEL SISTEMA PENAL COLOMBIANO Y LA IMPOSICIÓN DEL MODELO PUNITIVO NEOLIBERAL

A partir de las cifras analizadas en la sección anterior, puede concluirse que la población reclusa en

[7] No obstante, la tasa de homicidios en Colombia sigue siendo una de las más altas del mundo: mientras que en 1984 el número de muertes violentas en Colombia fue 10.694, en 1995 fue 25.398. En ese año la tasa de homicidios por 100.000 habitantes fue de 64,4; en el 2002 fue de 77,3, en el 2005 de 43,8 y en el 2008 de 34 (Comisión Colombiana de Juristas, 1997: 73; Instituto Nacional de Medicina Legal y Ciencias Forenses, 2009: 30).

Colombia no ha variado significativamente durante las últimas tres décadas y que tiene rasgos similares: es una población relativamente joven, en su gran mayoría del sexo masculino, con bajos niveles de educación formal y desempleada o con trabajos de bajos ingresos antes de entrar a prisión. Puede decirse entonces que la mayoría de la población carcelaria proviene de sectores marginales de la sociedad colombiana, sometidos a altos niveles de exclusión y pobreza.

Teniendo en cuenta las características de la sociedad colombiana, marcada por una gran desigualdad económica y social y por altos índices de pobreza,[8] puede afirmarse que la dinámica económica y social, junto con el funcionamiento del sistema penal —que es un reflejo de ésta, al mismo tiempo que la alimenta—, son parte determinante de las circunstancias y decisiones que llevan a un importante número de personas de las clases más marginadas de la sociedad a una vida de delincuencia. En muchos casos esta forma de vida opera como un mecanismo de subsistencia y de satisfacción de necesidades y ambiciones que son negadas por una sociedad excluyente, que no ofrece verdaderas oportunidades a las clases sociales más pobres (Young, 1999; Wacquant, 2009).

Durante las últimas dos décadas los gobiernos colombianos han sido incapaces de adelantar de manera coherente y decidida las reformas económicas y sociales indispensables para, al menos, reducir la creciente brecha entre las clases alta y media, por una parte, y entre éstas y las clases más bajas en la escala

[8] Ver nota al pie de página 3.

social —casi la mitad de la población colombiana— (Bonilla, 2006). En cambio, tales gobiernos han acudido a una política criminal represiva e improvisada como el instrumento más efectivo y económico para manejar los problemas y conflictos de la sociedad colombiana (Iturralde, 2010).

La prisión como forma de administrar el riesgo creado por la exclusión de los más pobres

La forma en que las distintas administraciones colombianas han manejado tradicionalmente el problema de la criminalidad, evidencia un estilo de gobierno que Foucault denomina gubernamentalidad. Esta es una forma específica de economía del poder por medio de la cual se ejerce sobre las personas una forma de vigilancia y de control tan atentos como aquéllos del jefe de familia sobre los miembros de ésta y sus bienes (Foucault, 2000c: 207). La finalidad de este tipo de gobierno es disponer de los bienes y los cuerpos de las personas de forma tal que ello conduzca, no al bien común, sino a un fin conveniente para cada una de las cosas que están siendo gobernadas. El ejercicio del poder puede tener entonces no una, sino diversas finalidades, y para lograrlas se emplean ciertas tácticas, más que normas, elegidas de un abanico de posibilidades (Foucault, 2000c: 211).

El gobierno del Estado administra la población relacionándola con otros elementos como el bienestar y los recursos físicos y financieros, con el fin de alcanzar la intensificación y perfeccionamiento de los procesos que dirige de la manera más económica posible. La gubernamentalización del Estado significa que éste emplea no sólo un poder negativo (el que es ejercido a través de medios violentos), sino también uno positivo (Foucault, 1980c: 119-121). Tal forma positiva de poder dispone de los cuerpos de las personas con el fin de obtener de éstas los mejores resultados posibles, con el fin de lograr los diversos objetivos que sostienen un sistema de sometimiento calculado, organizado y técnicamente concebido (Foucault, 1977: 25-26). Bajo este contexto, el mejoramiento y la administración de las condiciones de la población dan lugar a una nueva gama de tácticas y técnicas de poder. Su objeto: el cuerpo, el cual debe hacerse dócil y productivo por medio de mecanismos de poder sutiles y capilares.

Una de las más importantes técnicas del poder sobre el cuerpo es la disciplina, utilizada para manejar una población determinada en sus más profundos detalles (Foucault, 2000c: 218-219). La prisión es la forma emblemática de disciplina de las sociedades contemporáneas, donde los aparatos de seguridad estatales ocupan un lugar fundamental. El castigo es ejercido así como una táctica política, una tecnología política del cuerpo (Foucault, 1977: 23-24). Siguiendo a Foucault, el sistema penal, entendido como medio para reducir el crimen —tal sería su función disuasiva—, es una ilusión; éste opera más bien de manera circular: aunque el objetivo declarado del sistema penal es castigar los delitos, la definición de estos y de su persecución cumplen el fin de mantener los mecanismos punitivos mismos, así como sus funciones (Foucault, 1977: 24).

El resultado de lo anterior es la creación de un grupo marginal que es marcado y estigmatizado: la delincuencia; los individuos peligrosos que, como regla general, pertenecen a las capas más marginadas de la sociedad y a quienes se responsabiliza de la criminalidad y la violencia que los ciudadanos temen, y que por lo tanto deben ser aislados, controlados y observados por las instituciones penitenciarias estatales.

La prisión como mecanismo disciplinario permite el ejercicio del poder gubernamental al menor costo posible. Esto implica un gasto bajo y una maximización de beneficios políticos gracias a su discreción, su relativa invisibilidad y la poca resistencia que produce al interior de la sociedad. En las sociedades capitalistas modernas una tecnología sutil y calculada de sometimiento, promovida por las técnicas disciplinarias, ha reemplazado a las "tradicionales y ritualmente costosas formas violentas de poder" (Foucault, 1977: 222, traducción mía).

Liberalismo autoritario: el proyecto neoliberal y la exclusión punitiva de los pobres

Este estilo de gobierno de la población etiquetada como delincuencial, que Feeley y Simon (1995) denominan la "nueva penología", tiene como fin no la reducción del delito y la eliminación de sus causas, sino el manejo y control de grupos sociales considerados problemáticos. Por otra parte, dicho estilo de gobierno ha tendido a estar asociado durante las últimas dos décadas, tanto en el Norte como en el Sur global, con el proyecto político neoliberal. Éste, basándose en la ideología del libre mercado y la desregulación económica, se caracteriza por la retirada del Estado social, que provee de redes de seguridad a las clases marginales, y la extensión del Estado penal, que las controla a través de la administración del castigo (Wacquant, 2009: xviii).[9]

La marcada tendencia a la marginalización y la criminalización de las clases sociales más bajas, propia de los sistemas penales neoliberales, se evidencia en el excluyente sistema económico y social colombiano, lo cual es confirmado estadísticamente por el tipo de delitos y de personas que terminan en la prisión. Durante las últimas tres décadas, más del 65% de los reclusos han sido encarcelados por delitos contra del patrimonio económico, contra la vida y la integridad personal —los denominados delitos clásicos por ser característicos de las sociedades y del derecho penal modernos— y aquéllos relacionados con el narcotráfico.

En cuanto al narcotráfico, que afecta de manera especial a Colombia, éste no es simplemente un fenómeno delincuencial, sino también uno social y cultural: las condiciones de exclusión y desigualdad económica y social se convierten en incentivos que llevan a muchas personas jóvenes, excluidas del mercado laboral, con bajos ingresos y niveles de educación, a involucrarse en el tráfico de estupefacientes. Esto no sólo por razones económicas, sino también como formas alternativas e ilegales, de

---

[9] Tanto en criminología como en sociología se viene dando una gran discusión sobre el Estado neoliberal, sus características y su relación con un sistema penal altamente punitivo y excluyente. El reciente libro de Loïc Wacquant, Punishing the Poor. The Neoliberal Government of Social Insecurity (2009), ha generado un gran debate internacional al respecto. Por ejemplo la revista Theoretical Criminology, vol. 14, núm. 1, 2010, publica artículos de autores de diversos países, quienes discuten críticamente la propuesta de Wacquant.

conseguir reconocimiento e inclusión social (Salazar, 2005).

La selectividad del sistema penal colombiano, que castiga y excluye de manera desproporcionada a personas pertenecientes a los estratos sociales más bajos, hace de la población carcelaria un grupo marginal que es segregado de una sociedad que clama ser democrática e igualitaria. La prisión refleja y refuerza la desigualdad de la sociedad colombiana y la marginalización de los grupos menos favorecidos, en vez de contribuir a su integración, como reclama el ideal de la resocialización. Pero la causa de este problema no debe buscarse al interior de los muros de la prisión. Ésta se encuentra, por una parte, en una sociedad punitiva, que tiende a favorecer soluciones represivas para enfrentar complejos problemas sociales; por otra, en el ejercicio del poder estatal a través de instituciones represivas como la prisión que, dependiendo de las circunstancias sociales y políticas, se vuelven ventajosas para los gobiernos y los intereses políticos y económicos que protegen.

Las políticas económicas y sociales, así como los modelos de Estado neoliberal que han tendido a imponerse en Colombia y América Latina con la ayuda de la globalización hegemónica del capitalismo, han incrementado la exclusión y falta de oportunidades de grupos sociales específicos, particularmente los más pobres, que son los más vulnerables (Rodríguez, 2005, 2009; Portes, 1997; Portes y Hoffman, 2003; Rodríguez y Uprimny, 2006; Cortés, 2007). En este contexto, el sistema penal se convierte en una herramienta fundamental de control social, que tiende a prevalecer sobre las instituciones de seguridad social del Estado en el tratamiento de grupos sociales marginales (Wacquant, 2009).

Los altos índices de criminalidad (o al menos la percepción generalizada de que este es el caso), y la gran ansiedad social que genera su difusión a través de los medios y el discurso político, son el precipitado de una estructura social inequitativa y excluyente.[10] En este clima social y mediático, los llamados a la imposición del control y el orden son los que los gobiernos están más dispuestos a escuchar (Simon, 1997, 2007; Garland, 2001a; Chevigny, 2003).

El renacimiento de tendencias políticamente conservadoras y autoritarias, tanto en las sociedades del Sur como en las del Norte global, promueve el individualismo (justificándolo en el ideal de la libertad) y la exclusión, en lugar de la solidaridad y la inclusión; el control social y localización de la culpa en los grupos marginales, en lugar de la prevención social; las libertades privadas del mercado, en cambio de las libertades públicas de la ciudadanía (Garland, 2001a: 193).

Este tipo de visiones sobre el crimen tienden a ignorar el complejo contexto social, económico y cultural en que éste ocurre, y privilegian una retórica de la responsabilidad individual (y el consecuente castigo de quien sea considerado penalmente responsable). Como señala Wacquant, tal retórica es un mecanismo

[10] Wilson y Pickett presentan estadísticas de diversos países que ponen de manifiesto cómo las sociedades más desiguales, no sólo tienden a ser más violentas, sino que presentan mayores índices de ansiedad, desconfianza y falta de cohesión social (2010: 31-62); éstas a su vez propician discursos penales punitivos y estigmatizadores.

que ayuda a desviar la atención de las dimensiones colectivas del fenómeno criminal (2000: 61).

Colombia, al igual que América Latina, tampoco ha escapado a la presión del neoliberalismo globalizado. La apertura de la economía colombiana a los mercados internacionales ha afectado las estructuras sociales (Iturralde, 2007: 100-116). El impacto de las políticas orientadas en este sentido durante los noventa es muy diciente: son las élites económicas y políticas las que se han beneficiado de la liberalización del mercado, mientras que la pobreza, la desigualdad social, la inestabilidad y la crisis económica han golpeado con más fuerza a las clases sociales más vulnerables, que son excluidas de los mercados laboral y financiero, y de la protección social del Estado (Bonilla, 2006).

En Colombia, el 20% más pobre de la población obtiene el 2,5% del ingreso nacional, mientras que el 20% más rico obtiene el 61% (World Bank, 2007). De una población de 41,2 millones de habitantes (de los cuales 10,3 millones viven en áreas rurales), 2313 personas (alrededor del 1,08% del total de propietarios) son dueñas del 53% de la tierra rural (Ossa y Garay, 2002: 16) y cerca de 300 accionistas son propietarios del 74% de las acciones que se negocian en la bolsa de valores colombiana (Cabrera, 2007); las diez empresas más grandes del país absorben el 75% del mercado de capitales, lo que representa un coeficiente Gini accionario (que mide la concentración de la propiedad accionaria) de 0,93 (Ossa y Garay, 2002: 17). La desigualdad, que de por sí es muy elevada en Colombia, ha aumentado durante los últimos tiempos: entre el 2002 y el 2005, el porcentaje del ingreso nacional para el 40% más pobre de la población disminuyó del 12,3% al 12,1%, mientras que el porcentaje del 10% más rico aumentó del 38,8% al 41% (Cabrera, 2007).[11]

En este contexto, el tipo de democracia por la que las élites económica y política colombianas, así como la globalización hegemónica, ejercen presión, promueve un tipo de apertura de la sociedad que garantiza el desarrollo de mercados libres y de la misma globalización económica neoliberal. Este tipo de democracia ve al capitalismo como el criterio supremo de la vida social moderna y, en consecuencia, defiende la primacía del capitalismo cuando es amenazado por "disfunciones" democráticas (Santos 2000: 272). Mientras tanto, la brecha entre ricos y pobres se amplía y el Estado reduce complejos problemas sociales a un problema de delincuencia y seguridad que debe ser enfrentado principalmente a través de su poder punitivo.

Los anteriores suelen ser rasgos comunes de aquellos países que, como Colombia, han adoptado alguna versión del modelo de Estado y economía política neoliberal. Aunque existe un amplio debate sobre la definición y uso del término (Iturralde, 2010:

[11] La tendencia a presentar altos índices de desigualdad también es notable en otras sociedades que han abrazado el modelo neoliberal; Estados Unidos y el Reino Unido son ejemplos notables: en Estados Unidos el 1% de la población posee una tercera parte de la riqueza (Young, 1999: 28, ver nota al pie de página 1), y el 95% del aumento de la riqueza entre 1979 y 1996 ha beneficiado al 5% más rico de la población (Wacquant, 2000: 78). En el Reino Unido la desigualdad en el ingreso ha aumentado un 28% en las últimas dos décadas (frente a un 24% en Estados Unidos). Actualmente, el 1% más rico de la población británica es dueño de más de la mitad de la riqueza, y a la mitad más rica de la población le pertenece el 94% de la riqueza del país (Reiner, 2007b: 4).

28-33), una caracterización sociológica y minimalista entiende al neoliberalismo como un proyecto político transnacional, promovido por élites con ramificaciones globales, constituidas, entre otros, por los ejecutivos de grandes multinacionales, políticos de alto rango, tecnócratas y funcionarios de organizaciones internacionales.

El proyecto neoliberal persigue el desarrollo de los mercados libres y protege los intereses del capital por medio de la articulación de cuatro lógicas institucionales: la desregulación económica, la reducción del Estado social, el tropos cultural de la responsabilidad individual, y un aparato penal expansivo e intrusivo que ejerce un drástico poder disciplinario sobre sectores sociales marginados del mercado laboral y financiero. Según el dogma autoritario de este sistema penal, los individuos pertenecientes a dichos grupos deben ser tratados con dureza, pues son responsables de sus actos, con independencia del contexto y los motivos por los que los cometen (Wacquant, 2009: 306-308).

La experiencia de la aplicación en diversas latitudes, por más de dos décadas, del proyecto neoliberal, indica que la desigualdad social y económica que produce, así como el sistema altamente punitivo y excluyente en que se basa,[12] son rasgos tan recurrentes que pueden considerarse, no meras desviaciones del

[12] Wilkinson y Picket presentan abundante evidencia empírica que demuestra que aquellas sociedades caracterizadas por altos niveles de desigualdad económica y social, no sólo presentan mayores niveles de violencia, sino también sistemas penales más punitivos (con altas tasas de encarcelamiento que han aumentado notablemente en las últimas dos décadas) (2010: 145-156).

modelo, sino parte estructural de éste (Harvey, 2005: 16; Wacquant, 2009: 308).

La hipertrofia del Estado penal y la reducción del Estado social (Wacquant, 2000: 79-144), han hecho que en Colombia se consolide el liberalismo autoritario (Iturralde, 2010), que se corresponde estrechamente con el modelo neoliberal. El liberalismo autoritario es una forma de gobierno que promueve los intereses del statu quo, por medio de la retórica de la defensa de los derechos y libertades individuales, mientras que excluye de manera violenta a los grupos sociales considerados problemáticos, bien sea porque no están integrados a los mercados financiero y laboral, o porque cuestionan el estado de cosas existente (Iturralde, 2010).

El Estado colombiano se ha mostrado incapaz de regular y canalizar los conflictos que han surgido de la fragmentación social causada por la marginalización de vastos sectores de la población que no tienen posibilidades reales de ascenso social y económico, y que se ven enfrentados al desempleo y la falta de recursos mínimos para subsistir en un mundo altamente globalizado y excluyente. La fortaleza que el Estado ha pretendido demostrar en medio de su precariedad, así como la sensación de miedo e inseguridad experimentada por amplios sectores de la sociedad, han dado lugar a lo que Garland llama una cultura del control, en la que hay más controles sobre los pobres que sobre el mercado (2001: 195-197).

Desigualdad, pobreza, crimen y castigo

En este punto es importante distinguir desigualdad de pobreza. El argumento que acá se defiende es que altos niveles de desigualdad —medida de diversas formas— (véase Wilkinson y Pickett, 2010: 17-18), y no de pobreza, tienen un impacto social negativo; éste se evidencia en aspectos tan diversos como la confianza y cohesión social, la salud física y mental, el desempeño educativo, el embarazo adolescente, los niveles de violencia y criminalidad, las tasas de encarcelamiento y la movilidad social (Wilkinson y Pickett, 2010: 3-14). En cambio, la relación entre altos niveles de pobreza y mayores impactos sociales negativos es mucho más débil.

Así, los países ricos (según el nivel de ingreso nacional per cápita), no tienen necesariamente mejores índices de desarrollo humano que los países más pobres; Estados Unidos es el ejemplo paradigmático de esto (Wilkinson y Pickett, 2010: 24-26). A pesar de que los indicadores sociales pueden mejorar en la medida que aumente el ingreso per cápita en un país donde éste es medio o bajo, llega un punto de equilibrio en el que, por más que se incremente el ingreso per cápita, tales indicadores no mejoran. Los cambios positivos con respecto a éstos sólo se manifiestan si mejora la distribución del ingreso (Wilkinson y Pickett, 2010: 24-26).

En Colombia también se ha dado el debate sobre la relación entre pobreza y desigualdad, por una parte, y violencia y criminalidad por otra. La perspectiva predominante en los ochenta, la sociológica, explicaba los fenómenos de violencia (política y común), y de la criminalidad asociada a ella, como resultado de los altos niveles de pobreza, desigualdad y exclusión que caracterizaban a Colombia (Comisión de Estudios sobre la Violencia, 1988; González et ál., 2002: 22). Este modelo teórico comenzó a ser criticado a partir de la segunda mitad de los ochenta, particularmente por los defensores del modelo de análisis económico de la criminalidad y la violencia. Según éstos, la perspectiva sociológica hace afirmaciones que no están suficientemente sustentadas en datos empíricos y que por lo tanto no reflejan adecuadamente la realidad. Así, la ecuación de "a mayor pobreza y desigualdad, mayores niveles de criminalidad y violencia", puede ser desvirtuada al revisar las estadísticas que miden tales variables.

Buena parte de este tipo de estudios aplican el modelo económico del actor racional; según éste, una persona decide si cometer o no un acto delictivo a partir de un análisis costo-beneficio. Tales estudios concluyen que los altos niveles de violencia y criminalidad en Colombia se deben principalmente a la débil respuesta estatal (tanto de los aparatos de seguridad como de justicia penal) frente al fenómeno criminal; por ello se debe endurecer dicha respuesta, es decir, aumentar los costos de cometer conductas delincuenciales (Sánchez et ál., 2007: 111; Gaviria, 2007: 14-15).[13]

Aunque el análisis económico del crimen y la violencia es la perspectiva dominante en Colombia, tanto en el ámbito académico como en el de las

[13] Castillo et ál. (2008: 168-172) hacen una revisión bibliográfica de los principales estudios sobre las causas de la violencia en Colombia.

políticas públicas, éste presenta serias debilidades, como ya han señalado varios autores, dado que deja de lado el contexto histórico, político y social en que se dan tales fenómenos y tiende a verlos como el resultado de una serie limitada de causas cuantificables (Gutiérrez, 2001; González et ál., 2002). Sin embargo, los estudios mencionados han tendido a confundir pobreza con desigualdad, o a no darle suficiente importancia a esta última. Como el trabajo de Wilkinson y Pickett (2010) demuestra, existe suficiente evidencia internacional que indica que las sociedades con mayores niveles de desigualdad tienden a tener mayores problemas sociales, y un peor desempeño en la garantía de derechos económicos y sociales, que aquellas sociedades que son más igualitarias.

Colombia ha sido por décadas uno de los países con mayor desigualdad económica y social, y con los más altos niveles de violencia y criminalidad de América Latina, la región más inequitativa y violenta del mundo (UNDP, 2002: 183; UNODC, 2008: 3).[14] Dada la evidencia internacional sobre el fuerte vínculo entre desigualdad, por una parte, y violencia y criminalidad por otra, resulta extraño que no se le haya dado más importancia al estudio y discusión de dicha relación. Las cifras disponibles indican que ésta es

[14] De acuerdo con la Oficina de las Naciones Unidas contra la Droga y el Delito (UNODC, por sus siglas en inglés), América Latina y el Caribe son las regiones más violentas del mundo y presentan las mayores tasas de crímenes violentos. Por otra parte, entre 1989 y 1999 América Latina tuvo los mayores niveles de victimización en el mundo: más del 75% de personas que vivían en ciudades fueron víctimas de un crimen al menos una vez, frente a un 73% en África y un 60% en Europa Occidental (UNODC, 2008: 3; UNODC, 1999: 26-64).

fuerte, así como la correlación entre altos niveles de desigualdad y altas tasas de encarcelamiento.

5. MARGINALIDAD SOCIAL: EL INDIVIDUO PELIGROSO

Las instituciones y el discurso penales en buena medida crean al delincuente, al individuo peligroso, el enemigo de la sociedad que debe ser castigado y aislado por el bien común. La construcción del delincuente tiene profundas consecuencias con respecto a cómo la sociedad concibe la función del castigo y del sistema penal que lo sostiene. La justicia penal no castiga de manera ciega e igualitaria a los individuos exclusivamente por los actos que cometieron. El sistema penal colombiano se enfoca en la afinidad del delincuente con su crimen. Así, el delincuente se convierte en la manifestación del fenómeno de la criminalidad, el cual debe ser buscado entre cierta clase de personas. Foucault sugiere que bajo el discurso disciplinario de las sociedades modernas el delincuente prácticamente representa una anomalía social —como una enfermedad— que es peligrosa y debe ser tratada (Foucault, 1977: 253-254).

El caso colombiano es reflejo de la transformación penal de un individuo ordinario en un delincuente peligroso; de la responsabilidad penal por los actos cometidos —lo que el individuo hizo—, del castigo por lo que ese individuo es, independientemente de sus actos (Foucault, 1980a: 128). Una clara manifestación de la dinámica del "individuo peligroso", es lo que la legislación penal colombiana denomina el "aspecto subjetivo" de la libertad provisional y la condicional. A través de estos procedimientos legales, los jueces de garantías y de ejecución de penas deciden si sospechosos de haber cometido un crimen deben ser encerrados mientras son procesados y si aquéllos condenados pueden ser dejados en libertad condicional —antes de que cumplan la totalidad de su condena—, de acuerdo con sus antecedentes penales, su personalidad y su conducta. En la práctica, es difícil, si no imposible, que un puñado de jueces (los de ejecución de penas no eran más de treinta para todo el país en 1999 y actualmente son 160)[15] conozcan con la profundidad suficiente a los más de 79 mil presos que tienen a su cargo para hacer semejante juicio de valor.

Con el recurso a los antecedentes penales del prisionero como un factor para decidir su elegibilidad para obtener la libertad condicional, sale a flote una de las contradicciones del sistema penal. Es contradictorio que el sistema penitenciario, que clama tener como uno de sus objetivos primordiales la resocialización de los reclusos, simultáneamente envíe el mensaje de que algunos individuos, por su pasado, todavía son peligrosos para la sociedad y no pueden ser dejados en libertad, con independencia del tratamiento carcelario al que han sido sometidos.

Son numerosos en la historia reciente del ordenamiento penal colombiano los ejemplos de reformas legales que restringen la libertad provisional o condicional con base en la presunta peligrosidad

[15] Información proporcionada por el Consejo Superior de la Judicatura el 26 de marzo del 2010 en respuesta a un derecho de petición.

de quienes son procesados y condenados.[16] Ello es común con respecto a aquellos delitos que tradicionalmente han caído bajo la jurisdicción penal de emergencia (como narcotráfico, secuestro, extorsión, terrorismo, homicidio y concierto para delinquir), y aquellos que generan mayor ansiedad social (como los atracos y hurtos callejeros). También son comunes las reformas legales que aumentan las penas mínimas y máximas a imponer, con lo que aumenta la población carcelaria; esto no sólo porque las personas condenadas pasan más tiempo en la cárcel, sino porque, dado el aumento de las penas mínimas, las personas sospechosas de cometer un crimen son sometidas de manera más recurrente a la prisión preventiva.[17]

Esta política criminal, que hace un uso excesivo de la cárcel como forma de castigo y como medida preventiva, asume que ciertos sujetos sencillamente no pueden ser resocializados o deben ser aislados (incluso en calidad de sospechosos) por la naturaleza de sus actos y de su personalidad, presuntamente peligrosa. Para este tipo de sujetos, los incorregibles,

[16] Por ejemplo, la ley 1142 del 2007 flexibilizó los requisitos para imponer la prisión preventiva al establecer que es suficiente que el juez de control de garantías tenga en cuenta la gravedad y modalidad de la conducta punible para establecer la peligrosidad de quien presuntamente la cometió; ello con independencia de las circunstancias y del perfil y antecedentes del sindicado (Hartmann, 2009: 245). Esta ley también restringió la posibilidad de aplicar mecanismos sustitutivos de la privación de la libertad, como la prisión domiciliaria, bajo el argumento de que los 21 delitos para los que se proscribió este beneficio "afectan gravemente las bases de la convivencia y la seguridad comunitaria" (Hartmann, 2009: 239-240).

[17] Según la legislación penal colombiana, la prisión preventiva procede como medida de aseguramiento para todos aquellos delitos cuya pena mínima sea de cuatro años. La ley 1142 del 2007 aumentó las

la prisión significa solamente castigo, aislamiento y venganza social. Al menos para esta clase de reclusos la institución de la prisión reconoce la imposibilidad de llevar a cabo uno de los fines que la justifica: la reintegración de los delincuentes a la sociedad después de un tratamiento terapéutico.

La resocialización ya no es en la práctica —si es que alguna vez lo fue— una preocupación real del sistema penal y penitenciario; el discurso político —siempre a la caza de votos o de aprobación de una opinión pública maleable— se aleja gradualmente del discurso garantista del derecho penal liberal, que mantiene que la prisión puede transformar a los delincuentes, y clama por penas duras y más largas que los saque de circulación. Este discurso al mismo tiempo sirve de eco a las demandas de venganza y retribución sociales, que proviene especialmente de las clases alta y media, a través de una política autoritaria.

La reciente propuesta de convocar a un referendo con el fin de reformar la Constitución y establecer la cadena perpetua para violadores y abusadores

penas mínimas a cuatro años, para doce delitos para los que antes no procedía la prisión preventiva (entre ellos violencia intrafamiliar, usura, amenazas y voto fraudulento). El aumento de penas introducido por la ley 1142 se suma a otra reforma reciente, la ley 890 del 2004, donde éstas también habían aumentado de manera importante. La introducción del sistema penal acusatorio en Colombia (que entró en vigencia en el 2005) pretendía implantar un sistema penal más garantista, donde la libertad fuese un valor fundamental; sin embargo, después de las reformas mencionadas, el sistema actual es más restrictivo que el anterior, pues la prisión preventiva procede para más delitos que bajo el régimen inquisitorio derogado (Hartmann, 2009: 238-239). Durante los ocho meses siguientes a la entrada en vigencia de la ley 1142 (el 28 de junio del 2007), las detenciones preventivas aumentaron casi diez veces (del 4,74% de casos que ingresaron al sistema penal, al 38,65%) (Hartmann, 2009: 249).

de menores[18] es un claro ejemplo del populismo punitivo que domina el discurso político contemporáneo sobre el crimen en la sociedad colombiana. La principal promotora del referendo, Gilma Jiménez, era concejal de Bogotá cuando lanzó su campaña al Congreso de la República (por el Partido Verde) a través de esta propuesta. Gracias a esta estrategia, una política local relativamente desconocida en el escenario nacional hace pocos años, alcanzó la segunda votación más alta del país en las elecciones legislativas del 2010.[19] Su cruzada por la cadena perpetua y la defensa de los derechos de los niños prácticamente constituyó su única propuesta de campaña electoral, que sólo duró un mes y medio y no contó con grandes recursos económicos.[20]

Como evidencia la campaña por la cadena perpetua, los presos y los criminales son tratados como un medio para garantizar la protección de los otros. La prisión sirve como un mecanismo de prevención y administración de riesgos; la función de la sanción penal definitivamente no es la de reformar al delincuente, ni

---

[18] La ley 1327 del 2009, que convocaba al referendo, fue de iniciativa popular liderada por Gilma Jiménez y otros políticos como Simón Gaviria (que fue elegido a la Cámara de Representantes con una votación considerable). El 25 de mayo del 2010 la Corte Constitucional declaró la inconstitucionalidad de la ley por errores de procedimiento en su trámite. La senadora Gilma Jiménez anunció que presentaría un nuevo proyecto de ley que convoque a un referendo, o que incluso propondría al Congreso una reforma constitucional que establezca la cadena perpetua (ver *El Tiempo*, 2010a).

[19] Obtuvo 188.416 votos, frente a 193.817 votos de Juan Lozano, del Partido de la U, quien obtuvo la mayor votación (*El Tiempo*, 2010c).

[20] Ver *El Tiempo* (2010c).

siquiera la de persuadir a otros para que no cometan crímenes. La prisión se limita a castigar e incapacitar, bajo la excusa de reducir la amenaza de la criminalidad. La imagen social del individuo peligroso obscurece y reduce la noción del delincuente a la de una potencial fuente de actos criminales y peligrosos, lo que le da a la sociedad derechos sobre tal sujeto por lo que se presuntamente es.

El alto número de personas sindicadas de haber cometido delitos y que están privadas de la libertad es otra clara ilustración del imaginario peligrosista que permea el discurso y las prácticas penales en Colombia.[21] Aunque las cifras han disminuido notablemente en la última década (especialmente a partir de la introducción del sistema penal acusatorio en el 2003, donde es un juez de garantías, y no el fiscal que lleva el caso, quien decide sobre la libertad del sindicado),[22] siguen siendo notablemente altas: el

[21] Tal tendencia también ha sido un rasgo constante de los distintos sistemas penales latinoamericanos: entre 1978 y 1992 la proporción de personas sometidas a prisión preventiva superaba el 50% del total (con la excepción de Costa Rica, con un 47%), y en diez países superaba el 70% (dentro de éstos estaba Colombia, con un 74%) (Duce et ál., 2009: 18). A partir de los noventa se introdujeron en buena parte del continente latinoamericano importantes reformas a los sistemas penales, volviéndolos de corte acusatorio. Aunque estas reformas tuvieron como efecto una importante reducción de la aplicación de la detención preventiva, contrarreformas más recientes, como la mencionada ley 1142 en Colombia, han revertido esta tendencia (Duce et ál., 2009: 12-72).

[22] El Acto Legislativo 003 del 2002 reformó la Constitución e introdujo el sistema penal acusatorio en Colombia, el cual sigue a grandes rasgos el sistema estadounidense; bajo este sistema, un fiscal debe solicitar la autorización de un juez penal de control de garantías para detener a una persona y para establecer la prisión preventiva como medida de aseguramiento. Entre el 2004 y el 2005 (año en que entró en vigencia la reforma constitucional) el

promedio del porcentaje de sindicados detenidos en cárceles durante los últimos quince años es del 42,05% del total de la población reclusa (figuras 11 y 12).

FIGURA 11.
Número de sindicados y condenados en prisiones colombianas (1994-2009)

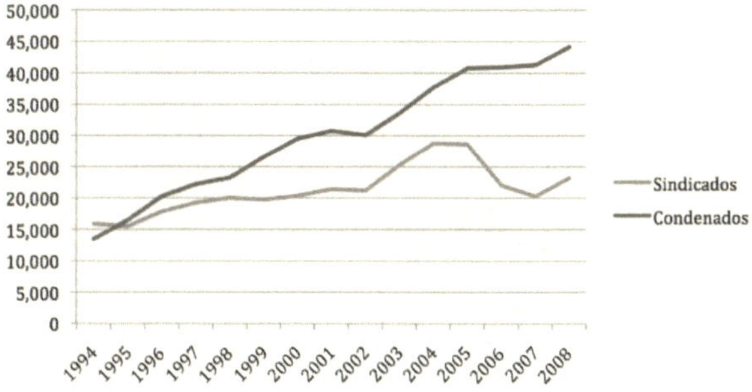

FUENTE: Inpec (2009)

número de personas bajo detención preventiva descendió de 10.392 a 4609. Aunque esto se debe en gran parte a que con el nuevo sistema penal se redujo bastante el número de casos que ingresa a éste, dicha disminución es significativa: del total de casos que ingresaron al sistema en el 2005, en un 2,65% de éstos se estableció la detención preventiva de los procesados, frente a un 7,85% en el 2004; en el 2006 la proporción se redujo a un 1,78% y en el 2007 a un 1,21% (Hartmann, 2009: 229). Sin embargo, esta tendencia fue radicalmente revertida por la ley 1142 del 2007 (ver notas al pie de página 16 y 17).

FIGURA 12.
Promedio de sindicados y condenados (2002-2008)

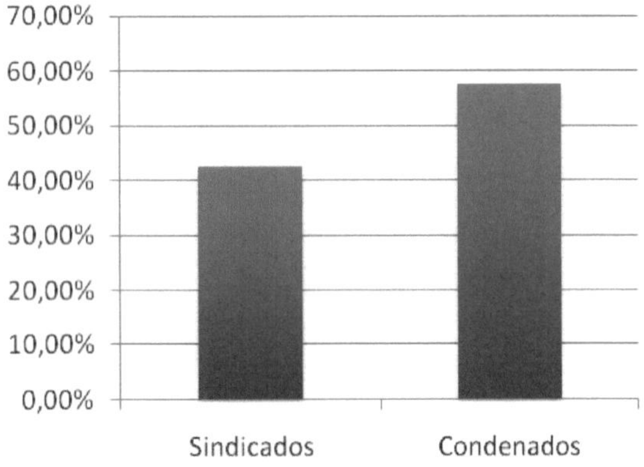

FUENTE: Inpec (2008)

6. LA LEGITIMIDAD DEL CASTIGO Y LA PRISIÓN EN UNA SOCIEDAD EXCLUYENTE

La prisión y sus falencias no pueden ser plenamente comprendidas si no se tiene en cuenta los mecanismos de poder de los que ésta es sólo una parte, así como el sistema penal y la política criminal que le dan forma. Tal política define qué actividades y conductas deben ser prohibidas con el fin de proteger a la sociedad y el tipo de castigo y de tratamiento que tales acciones merecen. La política criminal señala a los enemigos de la sociedad y cómo deben ser derrotados. Al evidenciar el tipo de valores y de castigos en los que la sociedad cree, la política criminal arroja luz sobre el tipo de sociedad en la que vivimos. Teniendo en cuenta esto, la cuestión sobre la justificación y la legitimidad de la prisión se hace apremiante pues no constituye solamente un cuestionamiento de la institución misma, sino también del tipo de sociedad que la hace posible, a pesar de su evidente fracaso como mecanismo de resocialización, de integración social y de disuasión. La pregunta apremiante entonces es, ¿por qué la sociedad respalda la prisión si su fracaso es tan evidente? Tal vez porque los efectos perversos e imprevistos de la prisión tienen, después de todo, un sentido y una utilidad. Esto es lo que Foucault llama el uso de la prisión. Aunque las cárceles no sean capaces de rehabilitar a los internos y de reducir la criminalidad, éstas dan continuidad a la delincuencia, actúan como una cadena de transmisión que controla los 'ilegalismos'; son una piedra angular de los mecanismos de poder sobre los cuerpos (Foucault, 1980b: 40).

La prisión no 'fracasa' simplemente con respecto a la resocialización de los individuos; crea delincuentes sobre los que es legítimo ejercer control y vigilancia. El aumento de lo que se entiende por delincuencia justifica el crecimiento de los aparatos estatales de seguridad y de estrategias para administrar y controlar el riesgo, lo que conduce a la gran presencia de mecanismos de control (intensos y difusos) en diversas esferas sociales. Como señala Foucault: "El efecto 'delincuencial' producido por la prisión se convierte en un problema de delincuencia al que la prisión debe dar una respuesta adecuada. Una vuelta de tuerca criminológica del círculo carcelario" (2000a: 26, traducción mía).

Dicho uso estratégico de la prisión no es controlado por un grupo determinado de manera maquiavélica; ello sería una explicación simplista de las relaciones de poder. Foucault afirma que el poder no es estático ni es apropiado por una clase social en particular. El poder está siempre en acción, en movimiento; atraviesa el tejido social y los cuerpos; es ejercido por las clases dominantes pero también por las dominadas. Así, circunstancias económicas y sociales particulares y contingentes, afectan en diversas maneras y ocasiones las relaciones de poder, dando lugar a resultados imprevistos. Bajo este contexto, los objetivos de las políticas públicas no coinciden necesariamente con sus resultados, mientras que los Gobiernos deben maniobrar con dichos resultados y sacar el mayor provecho político posible; los usan así para algo que no había sido previsto en un comienzo pero que puede ser dirigido y reconducido de acuerdo a las circunstancias (Foucault, 2000b: 385-386).

La recurrente perturbación del orden político y social colombiano, sumada a la precariedad del Estado en ciertas áreas, han contribuido a la manifestación explosiva del conflicto armado entre el Estado y las guerrillas de izquierda, que se ha hecho todavía más complejo durante las últimas tres décadas con la irrupción de los fenómenos del narcotráfico y el paramilitarismo. El aumento de la criminalidad, íntimamente ligado con todos estos factores, y la manera en que el Estado lo enfrenta, son expresión del conflicto social y de lucha por el poder en una sociedad que no ofrece una perspectiva de futuro a amplios sectores. El fenómeno del narcotráfico y su infiltración en las estructuras sociales, en la economía y la política es un ejemplo dramático.

El liberalismo autoritario antes descrito ha sido la principal respuesta de los Gobiernos colombianos a las manifestaciones más extremas de los problemas sociales y políticos de las últimas cinco décadas. Tal respuesta ha sido vestida con formas liberales y democráticas; Colombia es una de las democracias más antiguas y estables de América Latina pero ha sido de hecho una democracia autoritaria. Desde la segunda mitad del siglo xx los distintos Gobiernos han recurrido constantemente a poderes excesivos y concentrados en el Ejecutivo a través del uso prácticamente ininterrumpido de los estados de excepción, echando mano del discurso del enemigo interno (la guerrilla, el narcotráfico, el paramilitarismo, las organizaciones criminales, la delincuencia común), quien es responsabilizado por la crisis y, en consecuencia, debe ser derrotado con métodos represivos y de guerra (Iturralde, 2010, 2005, 2003; Ariza et ál., 1997; García, 2001; García y Uprimny, 2006).

Esta dinámica de los Gobiernos colombianos ha dado lugar a una verdadera cultura jurídica y política de la excepción donde el diagnóstico estatal de la situación —siempre definida como crítica— justifica las medidas autoritarias y limitadoras de los derechos y garantías de los ciudadanos. Ello ha creado la creencia al interior de la sociedad de que el Estado actúa con firmeza con el fin de protegerla de la gran amenaza de individuos y grupos peligrosos, promoviendo así un tipo de sociedad que busca seguridad y estabilidad a través del control y la vigilancia. Las políticas criminales en Colombia responden en gran medida a cálculos políticos e intereses a corto plazo que las motivan y las ponen en movimiento. Esta es la mayor causa de su incoherencia y de sus contradicciones: tales políticas buscan soluciones locales y represivas para problemas inmediatos, generalmente aquellos que más afectan a la opinión pública, a la popularidad y aceptación del Gobierno de turno. Estas políticas cortoplacistas y de alcance y visión limitados, no abordan, y mucho menos resuelven, los conflictos sociales y los problemas estructurales que afectan a la sociedad y que alimentan el conflicto social y armado que vive Colombia.

El castigo es definido de manera —y con una intensidad— diferente por las políticas estatales de acuerdo con las circunstancias sociales, políticas y económicas del momento. Diversas necesidades y formas de presión definen diferentes utilidades y, en consecuencia, diferentes estrategias. De acuerdo con las demandas y expectativas de la sociedad y con el desarrollo de los eventos, los Gobiernos colombianos cambian una y otra vez el rumbo de sus políticas criminales enfocándose en el enemigo del momento, siempre a través de mecanismos represivos. Tales instrumentos usualmente son similares, con independencia de su eficacia: aumento de las penas para los delitos considerados más peligrosos; limitación de las garantías procesales y de los derechos fundamentales de los acusados por tales delitos; privación de la libertad como la principal forma de sanción y como principal medida preventiva para asegurar la comparecencia al proceso de aquellos acusados de los crímenes más desestabilizadores, según la política del momento. En este tipo de casos, la simple sospecha de que el acusado cometió uno de estos crímenes justifica la limitación de su libertad con el fin de proteger a la sociedad y el Estado mismo.

Este tipo de políticas alimenta una cultura del miedo que tolera medidas represivas, las cuales no reducen la criminalidad de manera significativa pero proveen a vastos sectores de la sociedad de un sentido ilusorio de seguridad. Durante las últimas décadas se ha producido —no sólo en Colombia sino en buena parte del mundo, incluyendo a Estados Unidos y Europa— una significativa transformación del tono emocional de las políticas criminales. Las estrategias de poder de los grupos políticos y económicos dominantes, en un principio revestidas del discurso liberal y humanitario de la rehabilitación del criminal, han sido desplazadas por el temor a la criminalidad que, como todo miedo, no conoce de argumentos y razones. El temor a la criminalidad es entonces concebido como un problema en sí mismo, diferente de la propia criminalidad; las políticas criminales se dirigen a reducir los niveles de miedo y no la criminalidad; la atención estatal se sitúa en los efectos de la criminalidad y no en sus causas (Garland, 2001a: 10, 140). El éxito de tales políticas se basa en la sensación de seguridad que le dan a la sociedad (particularmente las clases media y alta), y no en su efectividad frente a la reducción del crimen. Tienen un significado simbólico con consecuencias sociales: "algunas veces hablar es actuar" (Garland, 2001a: 22).

Como señala Foucault, la nuestra es una sociedad basada en la vigilancia, una sociedad disciplinaria. La forma arquitectónica privilegiada de tal sociedad es la prisión (2000a: 32). La fragmentada y convulsionada sociedad colombiana carece de las redes de control, cooperación y solidaridad que hacen del castigo un soporte coercitivo de estas redes. La violencia generalizada y el miedo social, acompañados de un Estado que oculta su debilidad a través de mecanismos de control social represivos y selectivos, son las condiciones que garantizan la supremacía de políticas criminales autoritarias. Cada sociedad ajusta su escala de penalizaciones de acuerdo a sus necesidades particulares. Dado que la justificación del castigo deriva del daño causado a la sociedad por la conducta delictiva, o por el peligro al que la expone, "mientras más débil sea la sociedad, deberá ser más cuidadosa de su seguridad y tendrá que mostrarse más severa" (Foucault 2000a: 28).

El sistema penal colombiano confronta su fracaso por medio de su expansión y su endurecimiento, mientras que los problemas de fondo que constituyen la raíz de la violencia y la criminalidad (como los altos índices de desigualdad económica y social y la falta de oportunidades), siguen a la espera de soluciones reales y pensadas a largo plazo. La prueba más clara de ello es la inveterada criminalización, por parte de los Gobiernos colombianos, de diversas formas de protesta social y política que son tratadas de la misma forma, e incluso más radical, que los crímenes ordinarios con el fin de desacreditarlas y desarticularlas. Pero "el castigo está destinado a no tener 'éxito' de manera significativa porque las condiciones que más hacen para inducir conformidad —o para promover el crimen y las desviaciones— se encuentran fuera de la jurisdicción de las instituciones penales" (Garland, 1990: 289). Precisamente es esto lo que los Gobiernos colombianos, presionados por los eventos de violencia e inestabilidad social, han ignorado por décadas.

El temor frente a la criminalidad y la violencia desbordadas como parte inevitable de la sociedad forman parte del ideario colectivo. El continuo sentido de crisis dispara una intensa demanda política y social por una reacción estatal firme, principalmente a través del control y la represión (Foucault, 1980a: 142-143). La protección de la sociedad y del interés general se convierte en el objetivo principal de las políticas criminales. El énfasis en la necesidad de seguridad, la rabia colectiva y la sed de retribución han reemplazado así al compromiso frente a la búsqueda de soluciones diseñadas en la esfera de lo social. Garland lo expresa con elocuencia: "La temperatura emocional de las políticas públicas ha pasado de frío a caliente" (2001a: 11); la temperatura parece no haber bajado en la última década.

7. MÁS DE LO MISMO: EL ESTADO DE COSAS INCONSTITUCIONAL EN LAS PRISIONES COLOMBIANAS Y LA EXPANSIÓN CARCELARIA

Incluso los discursos jurídicos supuestamente progresistas, han terminado por legitimar el discurso excluyente y expansivo de la prisión. El caso colombiano es un ejemplo paradigmático de ello. La Corte Constitucional colombiana, reconocida en el contexto latinoamericano por su jurisprudencia innovadora y progresista, declaró en 1998 un "estado de cosas inconstitucional"[23] en las prisiones colombianas, debido a la sistemática y masiva violación de los derechos humanos de los reclusos como resultado de la negligencia y desidia estatal a lo largo de muchos años[24] (Ariza, 2011).

A pesar del análisis demoledor de la Corte en contra del actuar inconstitucional y negligente del Estado y de sus intrépidas órdenes a diversas agencias estatales para que revertiesen tal situación, lo que su decisión hizo en la práctica fue legitimar constitucionalmente la expansión del sistema penitenciario, en lugar de cuestionar sus fundamentos. La Corte ordenó al Estado diseñar un plan y asignar los recursos necesarios en un plazo de cuatro años, con el fin de mejorar la infraestructura carcelaria y garantizar adecuadamente los derechos de los reclusos. Sin embargo, la Corte no ordenó medidas concretas para proteger de manera eficaz los derechos fundamentales de los internos que estaban siendo vulnerados de manera grave. Como afirma Ariza (2010), en la práctica la Corte Constitucional, no obstante su discurso garantista, legitimó la reforma y expansión de un sistema penitenciario que ofrece condiciones de vida infrahumanas a sus destinatarios.

[23] Como señala Ariza (2010), el estado de cosas inconstitucional es "una doctrina que la Corte ha utilizado en aquellos casos en donde considera que la violación del derecho fundamental 1. es el resultado de una causa estructural e histórica que, 2. no puede ser atribuida a una única institución sino al Estado en su conjunto y 3. que exige la adopción de medidas a largo plazo".

[24] Sentencia T-153 de 1998. Por medio de esta decisión, la Corte Constitucional acumuló y falló las acciones de tutela presentadas por varios reclusos de distintas cárceles del país, quienes alegaban que se violaban varios de sus derechos fundamentales, al ser sometidos a condiciones de vida infrahumanas.

Los últimos Gobiernos colombianos, en lugar de replantear su política criminal y disminuir el número de personas que de manera innecesaria terminan en prisión, como lo demuestra el gran número de sindicados que son privados de la libertad (figura 11), han optado por aumentar la oferta de cupos carcelarios, a través de la adecuación de las prisiones existentes y de la construcción de nuevas prisiones, para lo cual asignaron un presupuesto de 523,5 mil millones de pesos (unos 242,5 millones de dólares) entre 1998 y el 2003, con lo que se crearon alrededor de 16.443 cupos (Consejo Nacional de Planeación Económica y Social [Conpes], 2004: 8, 12).

Aunque el sistema carcelario se expandió notablemente, éste sigue siendo insuficiente para albergar a un gran número de presos (como demuestra el alto porcentaje de hacinamiento que en 1998 era del 31,1% y en el 2010 del 40%), los cuales también han aumentado de manera constante en los últimos diez años (de 43.259 presos en 1998 a 79.730 en el 2009, un aumento del 84,3% en tan solo una década) (tabla 1 y figura 1).

Ante las altas tasas de hacinamiento carcelario, en el 2006 el Gobierno tuvo que replantear su estrategia, para lo cual lo cual planeó la creación de 24.731 cupos carcelarios (3131 en establecimientos existentes y 21600 en once nuevos centros penitenciarios (Conpes, 2004: 19; 2006: 6-7) a un menor costo. Así, redujo el presupuesto asignado a dicho plan en el 2004,[25] por considerar que resultaba más barato ejecutarlo bajo la modalidad de contratación de obra pública en

[25] De 1.456.448 millones de pesos (alrededor de 675 millones de dólares) a 972.293 millones de pesos (cerca de 450,5 millones de dólares) (Conpes, 2006: 6-7).

lugar de la de contratos de concesión a particulares (Conpes, 2006: 6-7).

Lo más cuestionable de esta situación, como demuestran las cifras, es que la expansión del sistema penitenciario no ha servido para aliviar (ni siquiera en términos de espacio) las condiciones de vida de la gran mayoría de los reclusos, ya que los nuevos cupos no dan abasto con el aumento de población y éstos ni siquiera han sido creados en el tiempo previsto: a diciembre del 2006 sólo se habían creado 5992 nuevos cupos de los cuales "5046 (el 84,2%) fueron construidos en establecimientos ya existentes y los restantes 946 (el 15,8%) en dos complejos nuevos proyectados en planes de expansión anteriores (Apartadó, Antioquia) o como parte de la política de Justicia y Paz (Tierra Alta, Córdoba)" (Pérez y Morales, 2008: 7). Además, de los nuevos cupos creados al 2008, 3441 no habían sido utilizados adecuadamente "como consecuencia de la falta de previsión, planeación y presupuesto necesario para darlos al servicio" (Pérez y Morales, 2008: 7). De las once nuevas prisiones previstas para el 2004, apenas seis comenzaron a ser construidas en el 2007 y en septiembre de ese año tan sólo tenían en promedio un estado de avance del 4,66% (Pérez y Morales, 2008: 8). Finalmente el gobierno de Uribe se comprometió en el 2009 a construir diez nuevas prisiones que crearían 23.000 nuevos cupos. En marzo del 2010 Uribe inauguró dos de estas prisiones (en Yopal y Cúcuta, que suman 2222 cupos nuevos) y prometió entregar las otras antes del final de su gobierno (en agosto del 2010).[26]

[26] Ver *El Tiempo* (2010b).

El programa de expansión carcelaria, que domina el discurso penitenciario, avanza firme, a pesar de su ineficiencia, en detrimento de los derechos de los prisioneros. Como indica Ariza (2011), este programa ha sido denominado en Colombia la "nueva cultura penitenciaria", bajo la influencia ideológica y la financiación del gobierno de Estados Unidos, cuyo principal objetivo es consolidar la expansión de un sistema penitenciario basado en criterios de eficiencia administrativa. Así, más que pretender garantizar los derechos fundamentales de los reclusos, cuyas condiciones mínimas de vida están a cargo del Estado, este sistema busca mejorar los recursos y capacitación del personal carcelario y cumplir con los estándares internacionales de calidad ISO 9000 (que parecen responder a parámetros propios del mercado), para ejercer un control eficiente y económico sobre los reclusos.

Tal lógica de mercado, evoca claramente a la "nueva penología" (Feeley y Simon, 1995) donde la administración del riesgo, por medio del control de los delincuentes, reemplaza la pretensión de su resocialización y la disminución de la delincuencia. Bajo este nuevo esquema, la cárcel debe incapacitar a bajo costo, no reformar; el crimen y sus efectos deben ser administrados y minimizados, mientras sus causas y el contexto social en que se producen pierden toda relevancia.

En vista de lo anterior, y a pesar de que el gobierno Uribe ha prometido un mejoramiento radical de la situación carcelaria en Colombia con la construcción de nuevas prisiones y la reducción del hacinamiento a cifras cercanas al 0%, el futuro de las cárceles y de sus habitantes no es prometedor. La política criminal colombiana parece seguir embelesada por la tentación punitiva, donde prima la privación de la libertad (tanto de acusados como de condenados) como forma de incapacitación y de venganza social, más que de rehabilitación y de perdón colectivo. Mientras el número de personas detenidas siga aumentando de manera constante, no habrá prisiones que den abasto. Esta es una política irreflexiva y costosa, en términos económicos y sociales.

Por otra parte, aunque las prisiones algún día fuesen suficientes, éstas seguirán siendo ilegítimas e injustas pues, dadas las características de nuestra sociedad, se continuará castigando de manera desproporcionada y vengativa a los más pobres y excluidos. Mientras la posición social y económica, o la raza y el origen étnico sean factores que aumenten en un alto grado la probabilidad de perder la libertad, el castigo no estará moral ni políticamente justificado. Para que esta situación cambie, antes deben cambiar la sociedad y las relaciones económicas y de poder que la estructuran, no simplemente su sistema penal y penitenciario; a pesar de que éstas son instituciones sociales fundamentales, su carácter social indica que no pueden transformarse de manera autónoma con respecto a su entorno.

CONCLUSIONES: POLÍTICA CRIMINAL Y CAMBIO SOCIAL

El primer paso para afrontar de manera acertada el problema de las prisiones en Colombia consiste en reconocer lo obvio: la causa del problema no se sitúa exclusivamente, ni principalmente, dentro de las prisiones ni del sistema penal, sino fuera de ellos. La principal causa de la "crisis" radica en el estado de cosas y el arreglo social y político que les permite existir y expandirse, presuponiendo su justificación y legitimidad, en lugar de demostrarlas. Por esta razón la solución no consiste en mejorar la infraestructura de las cárceles ni en construir más de ellas. Se debe enfocar más bien en el diseño de una política criminal coherente y a largo plazo que en Colombia ha sido tradicionalmente improvisada y represiva: la salida fácil a problemas estructurales. Las respuestas de tipo penal son más fáciles porque son inmediatas, relativamente sencillas de implementar y en el peor de los casos son "efectivas" como fines punitivos en sí mismos, aun cuando fallen en todos los demás aspectos (Garland, 2001a: 200). Tal estrategia política consiste en lo que Santos llama una reducción de escala de los problemas sociales: los gobiernos tienden a reducirlos a aspectos legales y administrativos sin llevar a cabo los difíciles cambios sociales que requieren (1998: 369-455); los problemas de la sociedad se reducen así a la criminalidad y las respuestas penales del Estado (Sparks et ál., 1996: 306).

La 'crisis' duradera de las prisiones en Colombia es el resultado de la excesiva criminalización de conductas y de la privación de la libertad de las personas como principal mecanismo de control y de castigo. El sistema penal debe ser reducido a su justa dimensión (que debe ser mínima). La política criminal debe ser enfocada más desde lo social que desde lo policial, dirigiéndose así a la prevención del crimen a través de políticas sociales y económicas que apunten a la integración de la sociedad y a la reducción de la pobreza y la desigualdad que en Colombia presentan niveles altos. Por lo tanto, la respuesta no está en la construcción de más cárceles para los 79.730 presos que tiene Colombia; ni siquiera la pretendida eficiencia administrativa de la "nueva cultura penitenciaria" puede superar una política criminal fallida e inconsciente. Este tipo de política no está dirigida a la integración que se requiere para unificar y armonizar el orden económico y social; en lugar de esto, traza una división entre aquellos grupos a los que se les permite vivir en medio de una libertad desregularizada y aquéllos que deben ser intensamente controlados (Garland, 2001a: 203). La respuesta que urgentemente se requiere es la construcción colectiva de las condiciones económicas y sociales necesarias para la reducción y prevención del crimen.

Durante las últimas tres décadas la política criminal del Estado colombiano ha privilegiado las respuestas represivas, dejando en un segundo plano las políticas preventivas y de tratamiento de corte más social. Este tipo de aproximación a los problemas y al conflicto social colombiano no ha tenido éxito si se consideran los altos índices de violencia y criminalidad de este periodo. El discurso político que inspira la política criminal se apoya en los amplios y maleables conceptos de 'seguridad ciudadana', 'seguridad pública' o, más recientemente, 'seguridad democrática'. Una 'nación segura' es una coartada ideológica para la expansión y fortalecimiento del control dirigido particularmente contra grupos marginales y contra cierto tipo de delitos —particularmente aquellos contra el patrimonio—, que no son necesaria ni principalmente la causa del la perturbación del orden público. Al mismo tiempo, las situaciones de riesgo que afectan a los sectores más vulnerables de la sociedad, los menos favorecidos, son ignoradas. La limitación y violación de derechos económicos y sociales de las clases sociales excluidas (que en Colombia es casi la mitad de la población), precisamente aquellas que son consideradas peligrosas, no hacen parte del interés gubernamental en la seguridad ciudadana. Se impone así un sentido común en materia penal que incentiva la hipertrofia del Estado penal y la reducción del Estado social (Wacquant, 2000: 79, 144).

De esta manera, las políticas estatales han atacado los síntomas más que las causas de la criminalidad y violencia colombianas. La política criminal ha enfocado el tratamiento del delito a través del sistema penitenciario, supuestamente resocializador, y del aspecto presuntamente disuasivo de la ley penal. Así, la prevención del crimen ha sido entendida principalmente como la prevención de la reincidencia en el delito. Las instituciones penitenciarias, según clama el discurso penal liberal, deberían garantizar la transformación de delincuentes en ciudadanos de bien. Pero como demuestra la política criminal de Colombia y de muchos otros países de la región y el mundo, el discurso político parece ir en la dirección contraria: más cárcel para más personas, no para rehabilitarlas, sino para incapacitarlas durante el mayor tiempo posible; ingenua, o cínicamente, se clama que esto hará que nuestra sociedad sea más segura.

Ante este fracaso manifiesto se puede concluir que la prevención del crimen no puede ser enfrentada exclusiva, ni principalmente, a través del sistema penal. Las políticas preventivas deben ser implementadas de manera coordinada pero independiente de la justicia penal. Esto implica, como primer paso fundamental, el fortalecimiento de las oportunidades sociales y económicas de los miembros de grupos sociales excluidos y olvidados, con el fin de mejorar y dignificar sus condiciones materiales de existencia y su integración en la sociedad. Su aislamiento y estigmatización es un ataque a los ideales igualitarios que las sociedades democráticas presumen proteger.

Bajo las condiciones actuales del sistema penitenciario colombiano, lo primero que se debe cuestionar es el sistema mismo. Durante un largo periodo ha sido innegable que las prisiones no cumplen con sus objetivos de rehabilitación y que su principal función, deseada o no, es castigar, incapacitar y segregar a los individuos más vulnerables de la sociedad. El castigo ejecutado por el sistema penal y penitenciario no es la ultima ratio del Estado, el recurso más extremo y excepcional para enfrentar la exacerbación de las luchas sociales y políticas; todo lo contrario, éste es el instrumento por excelencia de gobiernos carentes de voluntad e imaginación para sanar y reconciliar a una sociedad en conflicto. Garland sintetiza esta idea de manera lúcida al recordarnos que el acto estatal de castigar a los ciudadanos, acto violento, es una guerra civil en miniatura, por lo que debe ser utilizado como un último recurso para resolver los conflictos que se presentan en la sociedad. El acto estatal de castigar refleja una sociedad envuelta en una lucha consigo misma y aunque a veces es necesario, no es más que un mal necesario.

El castigo debe ser visto como una tragedia y como tal, debe evitarse al máximo (2001: 292).

Para encontrar respuestas originales y constructivas a la 'crisis' de los sistemas penal y penitenciario colombianos no basta con preguntarse qué tipo de reformas requieren; hasta ahora, el castigo y la prisión han sido ofrecidos como sus propios remedios. Ante todo es urgente desafiar la legitimidad de las cárceles y su carácter incapacitador y punitivo; poner en entredicho el supuesto de que el encarcelamiento y el castigo son rasgos necesarios y predominantes de las sociedades contemporáneas. Con el fin de solucionar de una vez por todas el problema de las cárceles, es esencial empezar por plantearse las preguntas apremiantes, aquéllas que cuestionan su existencia y justificación mismas; de lo contrario, frente al delito y al conflicto social lo único que obtendremos como respuesta serán nuevas prisiones, más modernas y austeras, y más injustas e inhumanas.

BIBLIOGRAFÍA

- Ariza, L. (2011), "Reformando el infierno: los tribunales y la transformación del campo penitenciario en América Latina", en Los muros de la infamia, Bogotá, Estudios Cijus, Universidad de los Andes.
- Ariza, L. et ál. (1997), Estados de excepción y razón de estado en Colombia, Bogotá, Estudios Ocasionales Cijus, Universidad de los Andes.
- Ariza, L. y Barreto, A. (2001), "La Corte Constitucional frente a la excepcionalidad: diez años de control material laxo y discursivo", en Barreto, A. (coord.), Derecho Constitucional. Perspectivas críticas, Bogotá, Observatorio de Justicia Constitucional, Universidad de los Andes, Legis, pp. 139-171.

- Arrieta, C. et ál. (1990), Narcotráfico en Colombia. Dimensiones políticas, económicas, jurídicas e internacionales, Bogotá, Tercer Mundo, Universidad de los Andes.
- Baratta, A. (1996), Entre la política de seguridad y la política social en países con grandes conflictos sociales y políticos, Foro de Política Criminal, Bogotá.
- Barreto, A. (coord.) (2001), Derecho constitucional. Perspectivas críticas, Bogotá, Observatorio de Justicia Constitucional, Universidad de los Andes, Legis.
- Bonilla, D. e Iturralde, M. (eds.) (2005), Hacia un nuevo Derecho constitucional, Bogotá, Universidad de los Andes.
- Bonilla, R. (2006), "La reforma económica: una apertura concentradora", en Leal, F. (ed.), En la encrucijada, Colombia en el siglo XXI, Bogotá, Grupo Editorial Norma-CESO, Universidad de los Andes, pp. 423-449.
- Cabrera Galvis, M. (2007), "Desigualdad y pobreza" [en línea], disponible en: www.portafolio.com.co, recuperado: 25 de abril del 2007.
- Camacho, A. (2006), "De narcos, paracracias y mafias", en Leal, F. (ed.), En la encrucijada, Colombia en el siglo XXI, Bogotá, Grupo Editorial Norma-CESO, Universidad de los Andes, pp. 387-421.
- Castillo, C. et ál. (2008), "La justicia en zonas de conflicto armado", en García, M. (dir.), Jueces sin Estado. La justicia colombiana en zonas de conflicto armado, Bogotá, Siglo del Hombre Editores, Dejusticia, Fundación Konrad Adenauer, The John Merck Fund., pp. 165-196.
- Cavadino, M. y Dignan, J. (2006), "Penal Policy and Political Economy", en Criminology and Criminal Justice, vol. 6, núm. 4, pp. 435-456.
- Chevigny, P. (2003), "The populism of fear: Politics of crime in the Americas", en Punishment and Society, vol. 5, núm. 1, pp. 77-96.
- Colombia, Ministerio de Justicia (1989), Plan de desarrollo y rehabilitación del sistema penitenciario nacional, Bogotá, Imprenta Nacional de Colombia.

- Comisión Colombiana de Juristas (1997), Colombia, derechos humanos y derecho humanitario: 1996, Bogotá, Opciones Gráficas.
- Comisión de Estudios sobre la Violencia (1988), Colombia: violencia y democracia. Informe presentado al Ministerio de Gobierno, Bogotá, Universidad Nacional de Colombia, Colciencias.
- Consejo Nacional de Planeación Económica y Social (Conpes) (2004, 15 de marzo), Documento Conpes 3277. Estrategia para la expansión de la oferta nacional de cupos penitenciarios y carcelarios, Bogotá.
- — (2006, 6 de marzo), Estrategia para la expansión de la oferta nacional de cupos penitenciarios y carcelarios. Seguimiento del Conpes 3277, Bogotá.
- Cortés, F. (2007), Justicia y exclusión, Bogotá, Siglo del Hombre Editores, Instituto de Filosofía, Universidad de Antioquia.
- Departamento Nacional de Planeación (DNP) (2007), "Política social. Estado Comunitario: desarrollo para todos. Resultados 2007" [en línea], disponible en: http://www.dnp.gov.co/PortalWeb/SaladePrensa/PublicacionesDNP/2008/tabid/957/Default.aspx, recuperado: 22 de mayo del 2009.
- Duce, M. et ál. (2009), "La reforma procesal penal en América Latina y su impacto en el uso de la prisión preventiva", en Riego, C. y Duce, M. (dirs.) (2009), Prisión preventiva y reforma procesal penal en América Latina, pp. 13-72.
- El Tiempo (2010a, 26 de mayo), "Referendo antivioladores tiene plan B; no se descarta recurrir a una reforma constitucional" [en línea], disponible en: http://www.eltiempo.com/colombia/justicia/ARTICULO-WEB-PLANTILLA_NOTA_INTERIOR-7725544.html, recuperado: 6 de septiembre del 2010.
- — (2010b, 1 de abril), "Uribe inauguró nuevas cárceles en Yopal y Cúcuta" [en línea], disponible en: http://www.eltiempo.com/archivo/documento/MAM-3904689, recuperado: 6 de septiembre del 2010.

- — (2010c, 15 de marzo), "Conozca a los dueños de las cinco votaciones más amplias del Senado" [en línea], disponible en: http://www.eltiempo.com/elecciones2010/parlamentarias/ARTICULO-WEB-PLANTILLA_NOTA_INTERIOR-7416569.html, recuperado: 6 de septiembre del 2010.
- Faubion, J. (ed.) (2000), Essential works of Foucault 1954-1984. Power, vol. 3, Londres, Penguin Books.
- Feeley, M. y Simon, J. (1992), "The New Penology: Notes on the Emerging Strategy of Corrections and its Implications", en Criminology, vol. 30, núm. 4, pp. 449-474.
- Friedman, L y Fisher, G. (eds.) (1997), The Crime Conundrum. Essays on Criminal Justice, Boulder, Colorado, Westview Press.
- Foucault, M. (1977), Discipline and punish. The birth of prison, Londres, Penguin Books.
- — (1980a), "The dangerous individual", en Kritzman, L. (ed.), Michel Foucault. Politics, philosophy, culture. Interviews and other writings 1977-1984, Londres, Routledge, pp. 125-151.
- — (1980b), "Prison talk", en Gordon, C. (ed.), Power/Knowledge. Selected interviews and other writings of Michel Foucault 1972-1977, Londres, Harvester Wheatsheaf, pp. 37-54.
- — (1980c), "Truth and power", en Gordon, C. (ed.), Power/Knowledge. Selected interviews and other writings of Michel Foucault 1972-1977, Londres, Harvester Wheatsheaf, pp. 109-133.
- — (2000a), "Governmentality", en Faubion, J. (ed.), Essential works of Foucault 1954-1984. Power, vol. 3, Londres, Penguin Books, pp. 201-222.
- — (2000b), "The punitive society", en Rabinow, P. (ed.), Essential works of Foucault 1954-1984. Ethics, Londres, Penguin Books, pp. 23-37.
- — (2000c), "What is called 'punishing'", Faubion, J. (ed.), Essential works of Foucault 1954-1984. Power, vol. 3, Londres, Penguin Books, pp. 383-393.

- Gaitán, O. L. et ál. (2000), Análisis de la situación carcelaria en Colombia: un enfoque cualitativo, Bogotá, Estudios Ocasionales Cijus, Universidad de los Andes.
- García, M. (2001), "Constitucionalismo perverso. Normalidad y anormalidad constitucional en Colombia: 1957-1997", en Santos, B. y García, M. (eds.) (2001), El caleidoscopio de las justicias en Colombia, tomo I, Bogotá, Colciencias, Instituto Colombiano de Antropología e Historia, Universidad de Coimbra, CES, Universidad de los Andes, Universidad Nacional de Colombia, Siglo del Hombre Editores, pp. 317-370.
- García, M. (Dir.) (2008), Jueces sin Estado. La justicia colombiana en zonas de conflicto armado, Bogotá, Siglo del Hombre Editores, Dejusticia, Fundación Konrad Adenauer, The John Merck Fund.
- García, M. et ál. (2006), ¿Justicia para todos? Sistema judicial, derechos sociales y democracia en Colombia, Bogotá, Grupo Editorial Norma.
- García, M. y Uprimny, R. (2006), "El control judicial de los estados de excepción", en García, M. et ál. (2006), ¿Justicia para todos? Sistema judicial, derechos sociales y democracia en Colombia, Bogotá, Grupo Editorial Norma, pp. 531-571.
- García, M.; Rodríguez, C. y Uprimny, R. (2006), "Las cifras de la justicia", en García, M. et ál. (2006), ¿Justicia para todos? Sistema judicial, derechos sociales y democracia en Colombia, Bogotá, Grupo Editorial Norma, pp. 319-402.
- Garland, D. (1990), Punishment and modern society. A study in social theory, Oxford, Clarendon Press.
- — (1998), "Criminology, Crime Control, and 'The American Difference'", en University of Colorado Law Review, núm. 69, pp. 1137-1162.
- — (2001a), The culture of control. Crime and social order in contemporary society, Oxford, Oxford University Press.
- — (2001b), "Introduction. The meaning of mass imprisonment", en Punishment and Society, vol. 3, núm. 1, pp. 5-7.

- — (2007), Crimen y castigo en la modernidad tardía, Bogotá, Siglo del Hombre Editores, Universidad de los Andes, Instituto Pensar, Pontificia Universidad Javeriana, pp. 19-122.
- Gaviria, A. (2007), "Prólogo", en Sánchez, F. et ál. (ed.), Las cuentas de la violencia. Ensayos económicos sobre el conflicto y el crimen en Colombia, Bogotá, Facultad de Economía Universidad de los Andes, Grupo Editorial Norma.
- González, F. et ál. (2002), Violencia política en Colombia. De la nación fragmentada a la construcción del Estado, Bogotá, Cinep.
- Gordon, C. (ed.) (1980), Power/Knowledge. Selected interviews and other writings of Michel Foucault 1972-1977, Londres, Harvester Wheatsheaf.
- Gutiérrez, F. (2001), "Inequidad y violencia política: una precisión sobre las cuentas y los cuentos", en Revista Análisis Político, núm. 43, pp. 61-82.
- Hartmann, M. (2009), "La detención preventiva y la reforma procesal penal en Colombia", en Riego, C. y Duce, M. (dirs.), Prisión preventiva y reforma procesal penal en América Latina, pp. 213-266.
- Harvey, D. (2005), A Brief History of Neoliberalism, Oxford, Oxford University Press.
- Instituto Nacional Penitenciario y Carcelario (Inpec) (1999), Estadísticas penitenciarias 1999, Bogotá.
- — (2008), Estadísticas penitenciarias 2008, Bogotá.
- — (2009), Estadísticas penitenciarias 2009, Bogotá.
- — (2010), Estadísticas penitenciarias 2010, Bogotá.
- Instituto Nacional de Medicina Legal y Ciencias Forenses (2009), "Forensis 2008" [en línea], disponible en: http://www.medicinalegal.gov.co/index.php?option=com_wrapper&view=wrapper&Itemid=60, recuperado: 30 de junio del 2009.
- International Centre for Prison Studies (2009), "World Prison Brief" [en línea], disponible en: http://www.kcl.ac.uk/

depsta/rel/icps/worldbrief/world_brief.html, recuperado: 22 de mayo del 2009.

- Iturralde, M. (2003), "Guerra y derecho en Colombia: el decisionismo político y los estados de excepción como respuesta a la crisis de la democracia", en Revista de Estudios Sociales, núm. 15, pp. 29-46.
- — (2005), "Estado de derecho vs. Estado de emergencia: los estados de excepción y la construcción de la temporalidad del derecho en Colombia", en Bonilla, D. e Iturralde, M. (eds.), Hacia un nuevo derecho constitucional, Bogotá, Universidad de los Andes, pp. 83-151.
- — (2007), "La sociología del castigo de David Garland: el control del crimen en las sociedades modernas tardías", en Garland, D., Crimen y castigo en la modernidad tardía, Bogotá, Siglo del Hombre Editores, Universidad de los Andes, Instituto Pensar, Pontificia Universidad Javeriana.
- — (2010), Castigo, liberalismo autoritario y justicia penal de excepción, Bogotá, Siglo del Hombre Editores, Universidad de los Andes, Instituto Pensar, Pontificia Universidad Javeriana.
- Jenson, J. y Santos, B. (eds.) (2000), Globalizing institutions. Case studies in regulation and innovation, Aldershot, Ashgate.
- Jiménez, M. (1994), "La cárcel en Latinoamérica en las tres últimas décadas", en Capítulo Criminológico, núm. 22, pp. 63-80.
- Kritzman, L. (ed.) (1988), Michel Foucault. Politics, philosophy, culture. Interviews and other writings 1977-1984, Londres, Routledge.
- Lacey, N. (2008), The Prisoners' Dilemma. Political Economy and Punishment in Contemporary Democracies, Cambridge, Cambridge University Press.
- Leal, F. (ed.) (2006), En la encrucijada. Colombia en el siglo XXI. Bogotá, Grupo Editorial Norma, CESO, Universidad de los Andes.

- Maguire, M. (2007), "Crime data and statistics", en Maguire, M. et ál. (eds.), The Oxford Handbook of Criminology, Oxford, Oxford University Press, pp. 241-301.
- Matthews, R. (2003), Pagando tiempo. Una introducción a la sociología del encarcelamiento, Barcelona, Bellaterra.
- Núñez, J. y González, N. (2006), "Colombia en el contexto de las Metas del Milenio: tropiezos, logros y el camino hacia delante" [en línea], disponible en: http://econpapers.repec.org/paper/col000089/002136.htm, recuperado: 6 de septiembre del 2010.
- Olmo, R. del (1995), "La función de la pena y el Estado latinoamericano", en La experiencia del penitenciarismo contemporáneo: aportes y expectativas, México, Comisión Nacional de Derechos Humanos, pp. 67-80.
- — (1998), "The State of Prison and Prisoners in Four Countries of the Andean Region", en Weiss, R. P. y South, N. (eds.) (1998), Comparing Prison Systems. Toward a Comparative and International Penology, Ámsterdam, Gordon and Breach Publishers, pp. 115-139.
- Ortiz, R. (2006), "La guerrilla mutante", en Leal, F. (ed.), En la encrucijada, Colombia en el siglo xxi, Bogotá, Grupo Editorial Norma, CESO, Universidad de los Andes, pp. 323-356.
- Ossa, C. y Garay, L. J. (2002), Colombia: entre la exclusión y el desarrollo. Propuestas para la transición al el Estado Social de Derecho, Bogotá, Contraloría General de la República, Alfaomega.
- Pérez, M. y Morales, J. A. (2008), "La política penitenciaria y carcelaria en Colombia" [en línea], disponible en: http://www.semana.com/Documentos.aspx?Frase=LA%20POL%c3%8dTICA%20PENITENCIARIA%20Y%20CARCELARIA%20EN%20COLOMBIA&IdSeccion=0&Autor=&Palabra=, Contraloría General de la República, Contraloría Delegada para el Sector Defensa, Justicia y Seguridad. Dirección de Estudios Sectoriales, recuperado: 17 de junio del 2009.
- Policía Nacional de Colombia (2008), Revista Criminalidad, vol. 50, núm. 1.

- — (2009), Revista Criminalidad, vol. 51, núm. 1.
- Portes, A. (1997), "Neoliberalism and the Sociology of Development: Emerging Trends and Unanticipated Facts", en Population and Development Review, núm. 22, pp. 229-259.
- Portes, A. y Hoffman, K. (2003), "Latin American Class Structures: Their Composition and Change during the Neoliberal Era, en Latin American Research Review, vol. 38, núm. 1, pp. 41-82.
- Rabinow, P. (ed.) (2000), Essential works of Foucault 1954-1984. Ethics, Londres, Penguin Books.
- Reiman, J. (1979), The rich get richer and the poor get prison: ideology, class and criminal justice, Nueva York, Wiley.
- Reiner, R. (2007a), "Political economy, crime, and criminal justice", en Maguire et ál. (eds.), The Oxford Handbook of Criminology, Oxford, Oxford University Press, pp. 341-380.
- — (2007b), Law and order: an honest citizen's guide to crime and control, Cambridge, Polity Press.
- Restrepo, E. M. y Martínez, M. (2004), "Impunidad penal: mitos y realidades" [en línea], disponible en: http://economia.uniandes.edu.co/es/investigaciones_y_publicaciones/cede/publicaciones/documentos_cede/2004/impunidad_penal_mitos_y_realidades, Documento CEDE 2004-24, recuperado: 18 de junio del 2009.
- Riego, C. y Duce, M. (dirs.) (2009), "Prisión preventiva y reforma procesal penal en América Latina" [en línea], disponible en: http://www.centrojusticia.udp.cl/accion/docs/Prision_Preventiva_y_Reforma_Procesal_Penal.pdf, recuperado: 6 de septiembre del 2010.
- Rodríguez, C. (2005), Neoliberalism and the Transformation of the State in Latin America. A Comparative Study of Argentina, Brazil and Colombia, Disertación doctoral, Departamento de Sociología, Madison, The University of Wisconsin.
- — (2009), La globalización del Estado de derecho, Bogotá, Universidad de los Andes, Colección Estudios Cijus.

- Rodríguez, C. y Uprimny, R. (2006), "¿Justicia para todos o seguridad para el mercado? El neoliberalismo y la reforma judicial en Colombia", en García, M. et ál. (2006), ¿Justicia para todos? Sistema judicial, derechos sociales y democracia en Colombia, Bogotá, Grupo Editorial Norma, pp. 109-146.
- Romero, M. (2006), "Paramilitares, narcotráfico y contrainsurgencia: una experiencia para no repetir", en Leal, F. (ed.), En la encrucijada, Colombia en el siglo XXI, Bogotá, Grupo Editorial Norma, CESO, Universidad de los Andes, pp. 357-386.
- Sánchez, F. et ál. (2007), "Conflicto, crimen violento y actividad criminal en Colombia: un análisis espacial", en Sánchez, F. (ed.), Las cuentas de la violencia, Bogotá, Grupo Editorial Norma, pp. 63-129.
- Sánchez, F. et ál. (ed.) (2007), Las cuentas de la violencia. Ensayos económicos sobre el conflicto y el crimen en Colombia, Bogotá, Facultad de Economía, Universidad de los Andes, Grupo Editorial Norma.
- Salazar, A. (2005), No nacimos pa' semilla: la cultura de las bandas juveniles en Medellín, Bogotá, Planeta.
- Santos, B. (1998), De la Mano de Alicia, Bogotá, Universidad de los Andes.
- — (2000), "Law and democracy: (Mis)trusting the global reform of courts", en Jenson, J. y Santos, B. (eds.), Globalizing institutions. Case studies in regulation and innovation, Aldershot, Ashgate, pp. 253-284.
- Santos, B. y García, M. (eds.) (2001), El caleidoscopio de las justicias en Colombia, tomo I, Bogotá, Colciencias, Instituto Colombiano de Antropología e Historia, Universidad de Coimbra, CES, Universidad de los Andes, Universidad Nacional de Colombia, Siglo del Hombre Editores.
- Simon, J. (1997), "Governing through crime", en Friedman, L. y Fisher, G. (eds.), The Crime Conundrum. Essays on Criminal Justice, Boulder, Colorado, Westview Press.

- — (2007), Governing through crime: How the War on Crime Transformed American Democracy and Created a Culture of Fear, Nueva York, Oxford University Press.
- Sparks, R. et ál. (1996), Prisons and the problem of order, Oxford, Clarendon Press.
- Thoumi, F. (1995), Political economy and illegal drugs in Colombia, Boulder, Colorado, Lynne Rienner.
- Unidad de Investigaciones Jurídico-Sociales Gerardo Molina (Unijus) (1996), Justicia sin rostro. Estudio sobre la justicia regional, Bogotá, Imprenta Universidad Nacional de Colombia.
- United Nations Development Program (UNDP) (2002), "UNDP Human Development Report 2001" [en línea], disponible en: http://hdr.undp.org/reports/global/2001/en/, recuperado: 28 de agosto del 2007.
- — (2008), "Human Development Report 2007-2008" [en línea], disponible en: http://hdr.undp.org/en/media/HDR_20072008_EN_Complete.pdf, recuperado: 17 de mayo del 2009.
- United Nations Office on Drugs and Crime (UNODC) (2008), "The Threat of Narcotrafficking in the Americas" [en línea], disponible en: www.unodc.org/documents/data-and-analysis/Studies/OAS_Study_2008.pdf, recuperado: 28 de noviembre del 2008.
- — (2009), "International Homicide Statistics (IHS). Internacional Homicidal Rate, per 100.000 population 2004" [en línea], disponible en: http://www.unodc.org/documents/data-and-analysis/IHS-rates-05012009.pdf, recuperado: 17 de mayo del 2009.
- United Nations Office for Drug Control and Crime Prevention (UNODCCP) (1999), Global Report on Crime and Justice, Oxford, Oxford University Press.
- Young, J. (1999), The Exclusive Society. Social Exclusion, Crime and Difference in Late Modernity, Londres, Sage Publications.

- Wacquant, L. (2000), Las cárceles de la miseria, Madrid, Alianza.
- — (2001), "Deadly Symbiosis. When Ghetto and Prison Meet and Mesh", en Punishment and Society, vol. 5, núm. 2, pp. 197-205.
- — (2003), "Towards a Dictatorship over the Poor? Notes on the Penalization of Poverty in Brazil", en Punishment and Society, vol. 3, núm. 1, pp. 95-133.
- — (2009), Punishing the Poor: the Neoliberal Government of Social Insecurity, Durham, Duke University Press.
- Weiss, R. P. y South, N. (eds.) (1998), Comparing Prison Systems. Toward a Comparative and International Penology, Ámsterdam, Gordon and Breach Publishers.
- Whitman, J. Q. (2005), Harsh Justice: criminal punishment and the widening divide between America and Europe, Oxford, Oxford University Press.
- Wilkinson, R. y Pickett, K. (2010), The Spirit Level. Why Equality is Better for Everyone, Londres, Penguin.
- World Bank (2007), "Global Monitoring Report 2007. Millennium Development Goals" [en línea], disponible en: http://siteresources.worldbank.org/INTGLOMONREP2007/Resources/3413191-1176390231604/1264-FINAL-LO-RES.pdf, recuperado: 13 de junio del 2007.